ABITUR-WISSEN GESCHICHTE

Hans J. Kaiser

Die Weimarer Republik

STARK

ISBN 978-3-89449-361-5

überarbeitete Auflage
www.stark-verlag.de
1. Auflage 1998

Inhalt

Fortsetzung siehe nächste Seite

Autor: Dr. Hans Joachim Kaiser

Vorwort

Liebe Schülerinnen und Schüler,

Journalisten beschwören in den Medien häufig „Weimarer Verhältnisse“. Was meinen sie damit? Gewerkschaftler nennen die neuesten Arbeitslosenzahlen und fragen: „Droht der Bundesrepublik ein zweites Weimar?“ Redner im Bundestag warnen vor „Brüningscher Politik“. Wovon sprechen sie? Wer war Brüning überhaupt?

Finanzfachleute erklären die Skepsis der Deutschen vor der Einführung des Euros mit schlechten Erfahrungen mit Währungsreformen. Wann gab es eine Währungsreform? Warum sind die Erinnerungen daran negativ?

Geschichte wiederholt sich nicht, denn die Bedingungen wandeln sich. Aber es ist auffällig, dass die Weimarer Republik auch heute noch ein wichtiger politischer Bezugspunkt ist. Historische Vergleiche sind in der politischen Auseinandersetzung zulässig und können erhellend sein. Ob sie zutreffend oder unzutreffend sind, kann aber nur derjenige entscheiden, der über sichere Kenntnisse der Vergangenheit verfügt.

Der vorliegende Band soll Ihnen ein Vademecum, ein kleiner Leitfaden sein, der Sie durch dieses ereignisreiche Kapitel der deutschen Geschichte führt. Er wird Sie im Geschichtsunterricht, bei der Vorbereitung von Referaten und beim Lernen für Klausuren und das Abitur begleiten.

Insgesamt war mein Augenmerk darauf gerichtet, auf knappem Raum die wichtigsten Aspekte der Geschichte der ersten deutschen Republik darzustellen. Dazu wurden Quellen herangezogen und Erkenntnisse neuer Forschungsliteratur eingearbeitet. Offene Fragen, über die Geschichtswissenschaftler diskutieren, werden angesprochen.

H. J. Kaiser

Hans Joachim Kaiser

Kriegsende und Revolution

Chronologie	
3. März 1918	Friedensvertrag mit Sowjetrussland in Brest-Litowsk
21. März 1918	Beginn der Frühjahrsoffensive an der Westfront
29. September 1918	O.H.L. erklärt Aussichtslosigkeit der militärischen Situation und verlangt sofortigen Waffenstillstand
3. Oktober 1918	Prinz Max von Baden wird Reichskanzler
4. Oktober 1918	Deutsche Waffenstillstandsnote an den US-Präsident Wilson
28. Oktober 1918	Einführung der parlamentarischen Monarchie durch Verfassungsänderung; Meuterei der Matrosen der Kriegsflotte in Wilhelmshaven
3. November 1918	Beginn des Aufstandes der Matrosen in Kiel und Bildung von Arbeiter- und Soldatenräten
9. November 1918	Veröffentlichung der Abdankung des Kaisers; Prinz Max von Baden übergibt die Reichskanzlerschaft an Friedrich Ebert (SPD) Philipp Scheidemann (SPD) ruft in Berlin vom Reichstag aus die Republik aus, kurze Zeit später Karl Liebknecht (USPD/Spartakusbund) vom Schloss aus die Freie Sozialistische Republik
10. November 1918	Der „Rat der Volksbeauftragten" aus Mitgliedern von SPD und USPD übernimmt die Regierungsgewalt, Abmachung über Zusammenarbeit zwischen Regierung und O.H.L. („Ebert-Groener-Pakt")
11. November 1918	Unterzeichnung des Waffenstillstands in Compiègne durch Matthias Erzberger
16. Dezember 1918	Erster Allgemeiner Kongress der Arbeiter- und Soldatenräte entscheidet über Wahlen zur Nationalversammlung
30. Dezember 1918	Gründungsparteitag der Kommunistischen Partei Deutschlands (KPD)

Der militärische Zusammenbruch

„Die beiden letzten Kriegsjahre 1917 und 1918 waren düster und trostlos", erinnert sich der Journalist Heinz Flügel. „Der Geist der Hoffnungslosigkeit teilte sich auch uns, den Kindern, mit. Obwohl wir in der eigenen Familie keinen auf dem sogenannten Feld der Ehre Gefallenen zu beklagen hatten –

der Tod war überall spürbar."[1] Flügel gibt die negative Stimmung der kriegsmüden deutschen Bevölkerung am Ende des Ersten Weltkrieges wieder. Sie erklärt sich, wenn man bedenkt, dass der Krieg an der Front bereits 1,8 Millionen Tote und 4,2 Millionen Verwundete gekostet hatte. In der Heimat war die Ernährungssituation vor allem in den Städten schlimm. Brot und Kartoffeln waren rationiert, denn die Ernteerträge waren infolge fehlender Düngemittel und Mangel an Arbeitskräften ständig zurückgegangen. Pro Kopf der Bevölkerung gab es täglich nur 1 000 Kalorien und Menschen starben an Hunger und Entbehrung. Trotz allem verbreitete die Propaganda auf ihren Plakaten Siegeszuversicht: „Die Zeit ist hart, aber der Sieg ist sicher".

Die Hoffnung schien angesichts der Lage an der Ostfront nicht unberechtigt. Hier schwiegen schon die Waffen, nachdem die deutsche Regierung am 3. März 1918 in **Brest-Litowsk** mit der bolschewistischen Regierung Russlands einen Friedensvertrag geschlossen hatte. Die Sowjetregierung musste – unter Protest – die Unabhängigkeit der Länder Finnland, Estland, Livland, Litauen, Polen, Ukraine und Georgien anerkennen. Insgesamt trat sie ein Gebiet von 1,41 Millionen qkm mit über 60 Millionen Menschen ab. Der Zweifrontenkrieg war damit beendet und dieser Erfolg führte bei der deutschen militärischen Führung zu einer neuen Siegeszuversicht. Diese verkannte aber die wirkliche militärische Lage.

Die deutschen Truppen suchten im Frühjahr 1918 die Entscheidung im Westen; doch die **Großoffensive** mit 70 Divisionen scheiterte. Der Kampf erstarrte nach wenigen Tagen in einem Grabenkrieg. Es fehlte an Fahrzeugen und frischen Truppen. Im Juli gingen die Franzosen und Engländer zum Gegenangriff über und britische Panzer durchbrachen am 8. August bei Amiens die deutsche Front. Es wurde offensichtlich, dass das deutsche Heer dem Druck des Gegners nicht mehr lange standhalten konnte. Dieser „schwarze Tag des deutschen Heeres" war das entscheidende Signal für die militärische Führung.[2]

Die **Oberste Heeresleitung (O.H.L.)** mit Generalfeldmarschall Paul von Hindenburg und General Erich Ludendorff an der Spitze gestand ein, dass der Krieg für Deutschland verloren war. Die Beratungen fanden im „Großen Hauptquartier" statt, das seinen Sitz im belgischen Kurort Spa hatte. Oberst Thaer notierte die Ergebnisse einer Lagebesprechung am 1. Oktober 1918, auf der Ludendorff Folgendes sagte: „Die O.H.L. und das deutsche Heer sind am Ende [...] So ist vorauszusehen, dass dem Feinde schon in nächster Zeit mit

1 Heinz Flügel: „Wir träumten vom verborgenen Reich ...". In: Rudolf Pörtner (Hrsg.): Alltag in der Weimarer Republik. München 1993, S. 168
2 Erich Ludendorff: Meine Kriegserinnerungen 1914–1918. Berlin 1919, S. 547

Hilfe kampffreudiger Amerikaner ein großer Sieg, ein Durchbruch in ganz großem Stile gelingen wird, dann wird dieses Westheer den letzten Halt verlieren und in voller Auflösung zurückfluten über den Rhein und wird die Revolution nach Deutschland tragen."[3] Ludendorff hatte hier das russische Beispiel einer Revolution vor Augen. Bürgerkrieg und Chaos konnte nur der sofortige Abschluss eines Waffenstillstandes verhindern. Im Auftrag Hindenburgs forderte er die Reichsregierung auf, unverzüglich ein **Waffenstillstandsangebot** an den amerikanischen Präsidenten Wilson zu richten. Die Oberste Heeresleitung wusste, dass grundsätzliche Reformen in Deutschland notwendig waren, wollte sie den amerikanischen Präsidenten als Friedensvermittler anrufen. US-Präsident Wilson hatte bereits am 8. Januar 1918 Bedingungen für einen maßvollen Frieden und eine demokratische Neuordnung der Welt genannt. Sein Friedensprogramm verlangte die Rückgabe von Elsass-Lothringen an Frankreich, die Wiederherstellung der Unabhängigkeit Belgiens und die Schaffung eines **Völkerbundes**. Zusätzlich existierte auf amerikanischer Seite die zunächst nicht öffentlich gemachte Bedingung, dass Verhandlungen über einen Waffenstillstand nur mit einem parlamentarisch regierten Deutschland geführt werden sollten.

Kriegsplakat mit Paul von Hindenburg.

Drei Parteien des Reichstages – die Sozialdemokraten, die Fortschrittliche Volkspartei und die katholische Zentrumspartei[4] – hatten sich zu diesem Zeitpunkt bereits zu einer „Mehrheit" zusammengefunden und die Frage einer Änderung der Verfassung behandelt. Ludendorff schloss sich nun formal den Ideen der sogenannten Mehrheitsparteien an. Über sein Motiv gab er vor Offizieren Auskunft: „Ich habe S. M. [Seine Majestät, den Kaiser] gebeten, jetzt auch diejenigen Kreise an die Regierung zu bringen, denen wir es in der Hauptsache zu danken haben, dass wir so weit gekommen sind. [...] Die sollen nun den Frieden schließen, der geschlossen werden muss. Sie sollen die Suppe jetzt essen, die sie uns eingebrockt haben."[5] Damit schob er die Verantwortung für die militärische Niederlage den zivilen Politikern zu. Die sogenannte **Dolchstoßlegende** nimmt hier ihren Ausgang: Die Heimat sei der kämpfenden Front in den Rücken gefallen. Diese sachlich falsche Haltung

3 Zit. n. Gerhard A. Ritter u. Susanne Miller (Hrsg.): Die deutsche Revolution 1918–1919, S. 26
4 Gemeint sind die Mehrheitssozialdemokraten (SPD). Aus der Fortschrittlichen Volkspartei wurde im November 1918 die Deutsche Demokratische Partei (DDP).
5 Tagebuchnotizen des Obersten Thaer vom 1. Oktober 1918. Zit. n. Ritter, Miller (Hrsg.): Die deutsche Revolution 1918–1919, S. 28

erfuhr in den kommenden Jahren große Verbreitung und Wirkung. Als die Fronttruppen in ihre Heimatstandorte zurückkehrten, hieß es bereits: „im Felde unbesiegt“. Später diente diese Parole der politischen Rechten als Waffe in der innenpolitischen Auseinandersetzung.

Flugblatt zur Regierungsbildung des Kabinetts Prinz Max von Baden, Oktober 1918.

Die Revolution „von oben“

Um die Chancen der Friedensvermittlung zu erhöhen, ernannte der Kaiser im Einvernehmen mit der Obersten Heeresleitung und den „Mehrheitsparteien“ am 3. Oktober 1918 den als liberal angesehenen Prinzen Max von Baden zum Reichskanzler. Seinem „Kabinett der neuen Männer“ gehörten der Zentrumspolitiker Matthias Erzberger und der Sozialdemokrat Philipp Scheidemann an.

Die erste Aufgabe der neuen Regierung war die Absendung des Waffenstillstandsangebots an die Amerikaner am 3. Oktober 1918: „Um weiteres Blutvergießen zu vermeiden, ersucht die deutsche Regierung, den sofortigen Abschluss eines Waffenstillstandes zu Lande, zu Wasser und in der Luft herbeizuführen.“[6]

Für die Menschen in Deutschland war die Lage schwer zu durchschauen. Bisher hatte die Propaganda noch Siegeszuversicht vermittelt. Das unerwartete Gesuch um Waffenstillstand wurde als Eingeständnis der Niederlage aufgefasst. Jetzt wollten die Menschen ein Ende des Krieges um jeden Preis. Die Aufmerksamkeit der Öffentlichkeit richtete sich auf die Antwort aus Amerika. In einer diplomatischen Note forderte der amerikanische Präsident weitere Beweise für eine Demokratisierung. Er wolle nur mit den „Vertretern des deutschen Volkes“ verhandeln.[7] In der öffentlichen Meinung entstand die berechtigte Vorstellung: „Wenn der Kaiser abdankt, bekommen wir einen guten Waffenstillstand.“[8]

Die „Oktoberverfassung“

Das „Kabinett der neuen Männer“ arbeitete seit seinem Amtsantritt – unbemerkt von der Öffentlichkeit – an der Aufgabe, die konstitutionelle Monarchie in eine parlamentarische umzuwandeln. Die Initiative dazu ging „von oben“ aus. Der Reichstag änderte mit den Stimmen der „Mehrheitsparteien“ im Oktober 1918 die Bismarcksche Reichsverfassung von 1871. Die alte Verfassung hatte den Kaiser mit dem Recht ausgestattet, den Reichskanzler zu ernennen und auch zu entlassen. In der neuen sogenannten Oktoberverfassung wurde der Artikel 15 geändert: „Der Reichskanzler bedarf zu seiner Amtsführung des Vertrauens des Reichstages.“[9] Er war für seine Amtsführung also dem Reichstag verantwortlich. Damit war Deutschland eine **parlamentarische Monarchie.** Die Monarchie hätte als äußere Staatsform auf demokratischer Grundlage, ähnlich wie in Großbritannien, fortbestehen können.

6 Das deutsche Friedens- und Waffenstillstandsgesuch vom 3. 10. 1918. Zit. n.: Ritter, Miller (Hrsg.): Die deutsche Revolution 1918–1919, S. 28

7 Amerikanische Note vom 23. 10. 1918. Zit. n. Ritter, Miller (Hrsg.): Die deutsche Revolution 1918–1919, S. 30

8 Eberhard Kolb: Die Weimarer Republik.. München 1993, S. 4

9 Der Artikel 15 in der Verfassung vom 16. 4. 1871 lautet: „Der Vorsitz im Bundesrathe und die Leitung der Geschäfte steht dem Reichskanzler zu, welcher vom Kaiser zu ernennen ist.“

Die Revolution „von unten“

Die Ereignisse in den ersten Novembertagen des Jahres 1918 zeigten jedoch, dass die Monarchie keinen Rückhalt mehr in der Bevölkerung hatte. Zeitgleich mit dem Umbau der Verfassung „von oben“ vollzog sich auch eine Revolution „von unten“, d. h. vom Volk aus.

Meuternde Matrosen in Wilhelmshaven, Anfang November 1918.

Ausgangspunkt der Revolution „von unten“ waren die Ereignisse in Wilhelmshaven und Kiel. Die **Seekriegsleitung** unter Admiral Scheer wollte nicht kampflos kapitulieren. Sie befahl der Hochseeflotte, zu einem letzten Gefecht gegen britische Verbände auszulaufen. In Wilhelmshaven sollte als eines der ersten Schiffe die „Thüringen“ ablegen. Der Kommandant sagte: „Wir verfeuern unsere letzten 2 000 Schuss und wollen mit wehender Fahne untergehen.“[10] Die Matrosen waren nicht bereit, ihr Leben für solch ein Unternehmen aufs Spiel zu setzen. Zu Recht befürchteten sie, dass die Seekriegsleitung die Bemühungen der Reichsregierung um einen Frieden unterlaufen wollte, und weigerten sich, den Befehl zum Auslaufen zu befolgen. Die Seekriegsleitung schickte ein U-Boot und ein Torpedoboot und zwang so die Meuterer, ihren Widerstand aufzugeben. Ungefähr 1 000 Matrosen wurden verhaftet. Das III. Geschwader mit 5 000 Mann Besatzung fuhr in den Heimathafen Kiel. Auf der Fahrt dorthin verhafteten Offiziere weitere 40 vermeintliche Rädelsführer. In Kiel eingetroffen, forderten die Matrosen am 3. November auf Mas-

10 Leserbrief aus der „Bergischen Arbeiterstimme“ Nr. 266 vom 12. 11. 1918. Zit. n. Ritter, Miller (Hrsg.): Die deutsche Revolution 1918–1919, S. 42

senversammlungen die Freilassung ihrer Kameraden. Werftarbeiter schlossen sich ihnen an. Bei einem Versuch, die Gefangenen zu befreien, gab es Schießereien. Offiziere wurden entwaffnet und es wurde ein **„Soldatenrat"** gebildet.

Der Historiker Kolb wertet die Ereignisse als einen Militärstreik kriegsmüder Soldaten: „Es handelte sich dabei nicht um eine von revolutionären Zirkeln generalstabsmäßig geplante und durchgeführte Umsturzaktion, sondern um eine spontane Bewegung der kriegsmüden Masse, die eine sofortige Beendigung des Krieges erzwingen wollte."[11] Von Kiel griff die Aufstandsbewegung rasch auf Lübeck, Hamburg und Bremen über und von dort breitete sie sich in die südlichen Teile des Reiches aus. In den großen Städten des Reiches wählten die revoltierenden Arbeiter und Soldaten auf Betriebs- oder Volksversammlungen sogenannte Räte. Diese **Arbeiter- und Soldatenräte** sollten bis zur Wahl einer Volksvertretung die ausführende Gewalt und die

Leipziger Volkszeitung

Leipzig, den 6. November 1918

Bildung eines Soldaten-rates in Lübeck

Lübeck, 6. November. (Privattelegramm der Leipziger Volkszeitung.) Gestern abend 7 Uhr wurde ein Demonstrationszug der Garnison Lübeck durch die Stadt veranstaltet. Der Bahnhof ist von Matrosen und Soldaten besetzt.

Ein Soldatenrat hat sich gebildet. General Wright wurde festgenommen und in Gewahrsam gebracht. Bis jetzt macht sich noch kein Widerstand von militärischer Seite geltend. Die Bewegung vollzieht sich ohne Reibung.

Soldatenrat Hotel International, Lübeck.

Eine Sonderseite der Leipziger Volkszeitung vom 6. 11. 1918.

11 Kolb: Die Weimarer Republik. S. 6

Kontrolle über die kaiserlichen Behörden übernehmen. In den meisten Fällen entwickelte sich eine „friedliche Koexistenz“ zwischen der Verwaltung und den Arbeiter- und Soldatenräten. Denn Letztere waren auf die Verwaltungserfahrung der Beamten angewiesen und die Behörden nutzten ihrerseits die Autorität der Räte, um ihre Anordnungen durchzusetzen. So blieb die öffentliche Sicherheit und Ordnung im Großen und Ganzen gewahrt. Auch die Versorgung der Bevölkerung funktionierte notdürftig weiter. Am 7. November 1918 erreichte die Revolution München, wo der sozialdemokratische Politiker Kurt Eisner nach Demonstrationen den „Freien Volksstaat Bayern“ ausrief. Der bayerische König Ludwig III. floh nach Österreich. Der erste deutsche Monarch war gestürzt.

Die neuen politischen Kräfte

Bevor man sich den weiteren Entscheidungen der Revolutionsmonate zuwendet, muss man sich klar machen, dass es drei gesellschaftliche Gruppierungen gab, die in dieser Staatskrise im Wettbewerb standen. Jede wollte Staat und Gesellschaft nach ihren Vorstellungen gestalten. Es gab die Anhänger der Monarchie, die den Untergang der alten, 1871 von Bismarck eingeführten Staatsordnung hinnehmen mussten, aber innerlich an ihr festhielten. Zu ihnen gehörten viele kaiserliche Beamte, Richter und Offiziere. Dann gab es die Anhänger des parlamentarischen Regierungssystems. Dazu gehörten die Mitglieder und Anhänger der „Mehrheitsparteien“. Sie wollten an die Ideale der Revolution von 1848 anknüpfen und Deutschland in ein modernes demokratisches Staatswesen umwandeln. Für die dritte Gruppe war die russische Revolution das Vorbild. Die linksrevolutionäre Unabhängige Sozialdemokratische Partei (USPD) und der „Spartakusbund“ von Rosa Luxemburg und Karl Liebknecht strebten ein **sozialistisches Rätesystem** an. Alle politische Macht sollte den Räten übertragen werden. Die weiteren Forderungen hießen: Entwaffnung der Polizei, Enteignung von Grund und Boden und Schaffung einer Arbeitermiliz. Ziel war die **„Diktatur des Proletariats“**.

Die politischen Fronten zwischen den Gruppierungen waren klar. Der Zusammenbruch des Kaiserreiches stand bevor und das Ringen um die Macht in Deutschland begann. Wer würde über die zukünftige Gestaltung von Staat und Gesellschaft entscheiden? Für Eberhard Jäckel ist dieser „Kampf um die Staatsgewalt“ das eigentliche Thema der Weimarer Republik.[12]

12 Eberhard Jäckel: Das deutsche Jahrhundert. Stuttgart 1996, S. 110

Die Novemberrevolution

Am 9. November 1918 erreichten die revolutionären Ereignisse Berlin. Hunderttausende waren auf den Straßen. In der Stunde der Not ergriff Prinz Max von Baden die Initiative: „Ich sagte mir: die Revolution ist im Begriff, siegreich zu sein; wir können sie nicht niederschlagen, vielleicht aber ersticken. Jetzt heraus mit der Abdankung [des Kaisers], mit der Berufung Eberts, mit dem Appell an das Volk, durch die **Verfassungsgebende Nationalversammlung** seine eigene Staatsform zu bestimmen.“[13] Gegen 12 Uhr übergab Prinz Max dem Wolffschen Telegraphenbüro auf eigene Verantwortung eine Nachricht, die die noch nicht erklärte Abdankung Kaiser Wilhelms II., der sich zu diesem

7. Extraausgabe. Sonntag, den 10. November 1918.

Vorwärts

Berliner Volksblatt.

Zentralorgan der sozialdemokratischen Partei Deutschlands.

Die Einigung

zwischen den beiden sozialdemo- kratischen Parteien ist vollzogen.

Ebert Haase

Scheidemann Dittmann

Landsberg und Barth

werden die neue Regierung bilden.

An die Arbeiter- und Soldatenräte!

Das Volk muß verhungern, wenn der Bahntransport gestört wird. Das geschieht aber durch jeden Eingriff unzuständiger Stellen in den Bahnbetrieb und die Bahnverwaltung.

Gestern sind an verschiedenen Orten von Arbeiter- und Soldatenräten solche Eingriffe vorgenommen worden, z. B. in dem Betrieb von Rangierbahnhöfen und in die Kassenverwaltung von Bahnstationen. **Das darf nicht wieder vorkommen!** Wiederholungen müssen zur Arbeitsverweigerung unserer braven Eisenbahner und zum Stillstand jedes geregelten Bahnverkehrs führen.

Berlin, am 10. November 1918.

(gez.) Ebert.

Einigung der SPD mit der USPD zum „Rat der Volksbeauftragten“ am 10. 11. 1918.

13 Prinz Max von Baden über den 9. November 1918. Zit. n. Wolfgang Michalka u. Gottfried Niedhart (Hrsg.): Deutsche Geschichte 1918–1933. Dokumente zur Innen- und Außenpolitik. Frankfurt 1992, S. 17

Zeitpunkt im „Großen Hauptquartier“ in Spa aufhielt, bekannt gab. Danach trat Reichskanzler Prinz Max von Baden sein Amt an den Vorsitzenden der Mehrheitssozialdemokraten Friedrich Ebert ab. Dieser erklärte sich zur Übernahme der Regierung bereit. Während Ebert über die Zusammensetzung der Regierung verhandelte, rief sein Parteifreund Philipp Scheidemann aus einem Fenster des Reichstagsgebäudes den versammelten Massen zu: „Arbeiter und Soldaten! Das deutsche Volk hat auf der ganzen Linie gesiegt. Das alte morsche ist zusammengebrochen; der Militarismus ist erledigt. Die Hohenzollern haben abgedankt! Es lebe die Republik.“[14] Dieser Schritt war mit Ebert nicht abgesprochen, aber er war ein Signal für einen innenpolitischen Neuanfang. Die Frage, ob Republik oder Monarchie war damit entschieden. Zwei Stunden nach Scheidemanns Proklamation rief Karl Liebknecht die „freie sozialistische Republik Deutschland“ aus und forderte seine Anhänger zur „Vollendung der Weltrevolution“ auf.[15] Am Abend des Tages ging Kaiser Wilhelm II. nach Holland ins Exil.

Der „Rat der Volksbeauftragten“

Die neue revolutionäre Reichsregierung nannte sich „Rat der Volksbeauftragten“. Sie setzte sich paritätisch aus Mitgliedern der gemäßigten Sozialdemokraten (SPD) unter der Führung von Friedrich Ebert und Phillip Scheidemann und der links stehenden Unabhängigen Sozialdemokraten (USPD) unter der Führung von Hugo Haase und Wilhelm Dittmann zusammen. Unter der Parole „Kein Bruderkampf“ wollten die beiden sozialistischen Parteien zusammen **die Staatskrise** bewältigen. Friedrich Ebert übernahm den Vorsitz des Rates und damit kam ihm eine zentrale Bedeutung zu. Auf der einen Seite war er der höchste Vertreter der „revolutionären Bewegung“, auf der anderen Seite war er als „Reichskanzler“ wichtigste Bezugsperson für alle Beamten und Richter. Bis hin zu den Staatssekretären blieben die kaiserlichen Beamten in den Ministerien auf ihren Posten; eine politische „Säuberung“ fand nicht statt.

Ebert und die anderen Mehrheitssozialdemokraten wollten so Chaos und Bürgerkrieg vermeiden, da in einem solchen Fall der Einmarsch der Siegermächte gedroht hätte. In diesen Kontext lässt sich auch das „Bündnis“ zwischen dem „Rat der Volksbeauftragten“ und der Obersten Heeresleitung

14 Ausrufung der Republik durch Scheidemann am 9. 11. 1918. Zit. n. Michalka, Niedhart (Hrsg.): Deutsche Geschichte 1918–1933, S. 20

15 Ausrufung der sozialistischen Republik durch Liebknecht am 9. 11. 1918. Zit. n. Michalka, Niedhart (Hrsg.): Deutsche Geschichte 1918–1933, S. 21/22

Der Rat der Volksbeauftragten setzte sich aus Dittmann, Landsberg, Haase, Ebert , Barth und Scheidemann zusammen.

einordnen. Letztere musste einen geordneten Rückzug der Truppen gewährleisten. Dazu war es unerlässlich, dass trotz der revolutionären Stimmung die Kommandogewalt der Offiziere bestehen blieb. Um das zu garantieren, brauchte die Heeresleitung die Unterstützung des „Rates der Volksbeauftragten". Mit dem Nachfolger Ludendorffs, General Wilhelm Groener, kam Ebert am 10. November zu einer Übereinkunft: die Sozialdemokraten wirkten mäßigend auf die Soldatenräte ein und im Gegenzug unterstützte die Heeresleitung die revolutionäre Reichsregierung.

Der Waffenstillstand

„Sofortiger Frieden ist die Parole der Revolution", verkündete der Berliner Arbeiter- und Soldatenrat am 9. November. In diesem Sinne fällte der „Rat der Volksbeauftragten" seine erste politische Entscheidung. Er nahm die **Waffenstillstandsbedingungen** der Entente an, die die Räumung aller besetzten Gebiete im Westen und Elsass-Lothringens, Auslieferung der Unterseeboote und der Hochseeflotte, Rückführung aller alliierten Kriegsgefangenen, Aufhebung des Friedensvertrages von Brest-Litowsk und Räumung der besetzten Ostgebiete vorschrieben. Am 11. November unterzeichnete der Staatssekretär und Zentrumspolitiker Matthias Erzberger in einem Eisenbahnwaggon in einem Wald bei **Compiègne** nördlich von Paris den Waffenstillstand. Am 11. November um 11 Uhr endete der Erste Weltkrieg.

Der „Rat der Volksbeauftragten" hatte in jenen Tagen der Revolution eine Fülle von weiteren Aufgaben zu bewältigen. Die Lebensmittelversorgung musste gerade in den Großstädten aufrechterhalten werden. Es fehlte an Kohle, um zu kochen und zu heizen. Viele Betriebe hatten wegen fehlender Rohstoffe und Energie ihre Tore geschlossen. Millionen von Soldaten musste in die Heimat geführt und wieder eingegliedert werden. Das Wirtschaftsleben musste von der Kriegs- auf die Friedenswirtschaft umgestellt werden.

Die Wahl zur Verfassungsgebenden Nationalversammlung

In allem, was der „Rat der Volksbeauftragten“ anordnete, empfand er sich als revolutionäre Übergangsregierung. Ebert sagte im Rückblick: „Wir waren im eigentlichen Wortsinne die Konkursverwalter des alten Regimes.“[16] Um den Staat grundlegend zu erneuern, brauchte die Regierung das Mandat des Volkes, d. h. die Bürger sollten an der neuen politischen Ordnung mitwirken. Oberstes politisches Ziel war die Einberufung einer verfassungsgebenden Versammlung.

Demonstration gegen die Wahl zur Nationalversammlung im Dezember 1918.

Um Wahlen zur Nationalversammlung durchzusetzen, mussten sich die Mehrheitssozialdemokraten und die bürgerlichen Parteien mit der Rätebewegung auseinandersetzen, denn der „Spartakusbund“ und der linke Flügel der USPD agitierten mit der Parole „Alle Macht den Räten“ gegen die Einberufung einer Nationalversammlung. Vom 16. bis 21. Dezember 1918 tagte in Berlin der **Erste Allgemeine Kongress der Arbeiter- und Soldatenräte**. Die Mehr-

16 Friedrich Ebert zur Eröffnung der Nationalversammlung am 6. 2. 1919. Zit. n. Michalka, Niedhart (Hrsg.): Deutsche Geschichte 1918–1933, S. 51

heitssozialdemokraten stellten die Mehrheit der Delegierten. Ernst Däumig von der USPD warb für die „proletarische Demokratie", die nur im Rätesystem ihren Ausdruck finden könne, und lehnte die Einberufung einer Nationalversammlung ab. Der Sprecher der Mehrheitssozialdemokraten, Max Cohen-Reuss, warnte dagegen vor „russischen Zuständen" und fuhr fort: „Ich meine also, die Arbeiter- und Soldatenräte hatten ihre Berechtigung und werden ihre Berechtigung auch weiter haben. Nur, glaube ich, müssen sie an der Zentralstelle, die die Verfassung des Deutschen Reiches schaffen wird, der Nationalversammlung Platz machen."[17] Mit 400 zu 50 Stimmen wurde der Antrag, die **Wahlen zur Nationalversammlung** am 19. Januar 1919 durchzuführen, angenommen.

Das Programm des „Rates der Volksbeauftragten" vom 12. November 1918 hatte „allen mindestens 20 Jahre alten männlichen und weiblichen Personen" das gleiche, geheime, direkte und allgemeine Wahlrecht zugesagt.[18] Damit bekamen die Frauen die **politische Gleichberechtigung**. Nach einem kurzen Wahlkampf fanden wie geplant am 19. Januar 1919 die Wahlen zur Verfassungsgebenden Deutschen Nationalversammlung statt. Die Wahlbeteiligung betrug 83 % und lag damit etwas niedriger als bei den Reichstagswahlen von 1912. Das Ergebnis der Wahlen macht deutlich, dass die Mehrheit der Deutschen kein Rätesystem nach sowjetischem Muster wollte, sondern eine parlamentarische Demokratie. Die Mehrheitssozialdemokraten gingen aus der

Aufruf zur Wahl der Nationalversammlung.

17 Der Rätekongress in Berlin am 19. 12. 1918. Zit. n. Michalka, Niedhart (Hrsg): Deutsche Geschichte 1918 –1933, S. 38

18 Aufruf des Rats der Volksbeauftragten an das deutsche Volk vom 12. 11. 1918. Zit. n. Ritter, Miller (Hrsg.): Die deutsche Revolution 1918–1919, S. 104

Wahl mit 37,9 % der Stimmen als stärkste Partei hervor. Die linksliberale Deutsche Demokratische Partei erhielt 18,5 % der Stimmen; das katholische Zentrum 19,7 %. Die monarchistisch eingestellten Parteien gehörten zu den Verlierern der Wahl. Die Deutschnationalen (DNVP) und die Deutsche Volkspartei kamen zusammen auf 14,7 %. Die linke USPD erhielt nur 7,6 % der Stimmen. Das Wahlergebnis ließ besonders ein Regierungsbündnis aussichtsreich erscheinen: Die Zusammenarbeit der drei „Mehrheitsparteien" – Mehrheitssozialdemokraten, Deutsche Demokratische Partei und Zentrum. In die Geschichte ging dieses Bündnis unter dem Namen **„Weimarer Koalition"** ein.

Die Geschichtsforschung hat sich intensiv mit der Anfangsphase der Weimarer Republik befasst, denn die Revolution von 1918 /19 war eine Weichenstellung in der jüngeren deutschen Geschichte. Das Reich wurde zur Republik. Deutschland erlebte aber keine Revolution im Stile von 1789. Die Massenbewegung der Arbeiter und Soldaten wurde schnell in geordnete Bahnen geleitet. Viele der sozialistischen Ideen wie zum Beispiel die Verstaatlichung der Bergwerke wurden nicht verwirklicht. Der Historiker Kolb spricht daher von der „steckengebliebenen Revolution".[19] Bei der Suche nach den Ursachen dafür geriet auch die Politik des „Rats der Volksbeauftragten" in die Kritik. Der Historiker Heinrich August Winkler ist der Auffassung, die Revolutionsregierung habe den Handlungsspielraum gehabt, um in den November- und Dezemberwochen des Jahres 1918 gesellschaftliche und wirtschaftliche Veränderungen zugunsten der Arbeiterschaft durchsetzen zu können.[20] Er denkt dabei nicht nur an die Verstaatlichung von Industriebetrieben, sondern auch an Reformen im Militär und in der Verwaltung. Allerdings muss die Frage offen bleiben, ob durchgreifende Reformen in diesen Bereichen einen ausreichenden Rückhalt im Volk gefunden hätten. Der Abgeordnete Max Cohen-Reuss brachte diese Frage in seiner Rede auf dem Berliner Rätekongress auf den Punkt: „Es wird nicht mehr Sozialismus durchführbar sein, als die Mehrheit des Volkes will."[21]

19 Kolb: Die Weimarer Republik, S. 22

20 Heinrich A. Winkler: Weimar 1918–1933: Die Geschichte der ersten deutschen Demokratie. München 1993, S. 68

21 Der Rätekongress in Berlin am 19. 12. 1918. Zit. n. Michalka, Niedhart (Hrsg.): Deutsche Geschichte 1918–1933, S. 37

Grundzüge der Weimarer Verfassung

Chronologie	
5.–11. Januar 1919	Straßenkämpfe in Berlin („Spartakusaufstand")
15. Januar 1919	Ermordung von Rosa Luxemburg und Karl Liebknecht durch Soldaten
19. Januar 1919	Wahlen zur Nationalversammlung, Dreiviertelmehrheit der drei Weimarer Parteien SPD, DDP und Zentrum
6. Februar 1919	Eröffnung der wegen anhaltender politischer Unruhen nach Weimar verlegten Nationalversammlung
10. Februar 1919	Wahl Eberts zum Reichspräsidenten
13. Februar 1919	Kabinett Scheidemann; Weimarer Koalition (SPD, DDP und Zentrum)
14. August 1919	Inkrafttreten der Weimarer Reichsverfassung

Die Ausgangsbedingungen

Am 11. August 1919 unterzeichnete der Sozialdemokrat und neue Reichspräsident Friedrich Ebert die von der Nationalversammlung ausgearbeitete „Verfassung des Deutschen Reiches", die mit der Verkündung im Reichsgesetzblatt drei Tage später in Kraft trat. Eine **demokratische Republik** mit einem **parlamentarischen Regierungssystem** wurde geschaffen. Um die zentrale Bedeutung der Weimarer Verfassung zu verdeutlichen, wurde der Tag der Unterzeichnung als „Verfassungstag" zum Nationalfeiertag erklärt.

Die Ausgangsbedingungen für die Gründung einer Republik waren, wie im ersten Kapitel gezeigt wurde, nicht einfach. Die Verfassungsgebung stand unter dem Druck innen- und außenpolitischer Ereignisse. In vielen Teilen des Reiches fanden Streiks, Betriebsbesetzungen und bürgerkriegsähnliche Auseinandersetzungen statt. In der Bevölkerung herrschte Ungewissheit über die wirtschaftliche und politische Zukunft des Landes. Nachdem am 7. Mai 1919 die Siegermächte des Ersten Weltkrieges einer deutschen Delegation in Versailles einen Entwurf des Friedensvertrages übergeben hatten, überschatteten auch noch die Diskussionen darüber die Verfassungsberatungen.

Der Tagungsort Weimar

Die am 19. Januar 1919 gewählte **Nationalversammlung** trat am 6. Februar 1919 im Nationaltheater in Weimar zur konstituierenden Sitzung zusammen,[22] wo man sie nach einem Beschluss des „Rates der Volksbeauftragten" wegen großer Unruhen in Berlin einberufen hatte. Hier hatte die äußerste Linke (USPD/Spartakus) am 5. Januar den sogenannten Januaraufstand entfesselt, um das Rätesystem gewaltsam durchzusetzen. Die Nationalversammlung sollte jedoch ungestört und ohne den Druck von Massendemonstrationen tagen. Zu ihrem Schutz wurde die Stadt weiträumig durch Militär abgesperrt. Ein „Parlamentszug" verkehrte täglich, um Regierungsvertreter, Abgeordnete und Presseberichterstatter zwischen Reichshauptstadt und Tagungsstätte hin und her zu transportieren.

Erste Sitzung der Nationalversammlung im Nationaltheater in Weimar am 6. Februar 1919.

Friedrich Ebert sprach zur Eröffnung der Nationalversammlung am 6. Februar 1919 die einleitenden Worte: „Meine Damen und Herren, die Reichsregierung begrüßt durch mich die ‚Verfassungsgebende Versammlung der deutschen Nationen'. Besonders herzlich begrüße ich die Frauen, die zum ersten Mal gleichberechtigt im Reichsparlament erscheinen. Die provisorische Regierung verdankt ihr Mandat der Revolution; sie wird es in die Hände der Nationalversammlung zurücklegen."[23] Bemerkenswert ist zum einen, dass sich die Revolutionsregierung an ihren Grundsatz hielt, die Revolution nach der Wahl der Weimarer Nationalversammlung zu beenden. Dieser Versammlung sollten

22 Das Nationaltheater bot mit 549 Plätzen im Parkett genügend Raum für die Plenarsitzungen. Die Ränge wurden für die Pressevertreter umgebaut. In den Nebenräumen des Theaters fanden die Sitzungen der Ausschüsse statt.

23 Friedrich Ebert zur Eröffnung der Nationalversammlung am 6. 2. 1919. Zit. n. Michalka, Niedhart (Hrsg): Deutsche Geschichte 1918–1933, S. 49

alle Entscheidungen über die politische und gesellschaftliche Neuordnung Deutschlands vorbehalten bleiben. Zum anderen waren an dem Prozess der Verfassungsgebung nicht nur „Verfassungsväter“ beteiligt. Von den 423 gewählten Abgeordneten waren 41 weiblich.[24] Zu den **Volksvertreterinnen** zählten zum Beispiel die Sozialdemokratin Marie Juchacz und die Zentrumspolitikerin Helene Weber.[25]

Die Eröffnung der Nationalversammlung war ein bedeutendes Ereignis. Über 400 Zeitungskorrespondenten waren auf den Rängen des Theaters anwesend. Alle führenden deutschen und ausländischen Zeitungen hatten eigene Berichterstatter nach Weimar geschickt. Trotzdem fanden die anschließenden Verfassungsberatungen ohne Kontakt zur Bevölkerung statt. Die Menschen standen unter dem Eindruck der Niederlage und versuchten im schwierigen Alltag zu überleben. Streiks und Aufstände in Berlin sowie im Ruhrgebiet und separatistische Bewegungen im Rheinland bedrohten die Einheit des Landes. Alles Neue sahen viele Zeitgenossen als Ergebnis der Niederlage an. So entstand die neue Verfassung durch Experten im abgesperrten „Provinznest Weimar“. Selbst die politisch Interessierten verfolgten die Diskussionen nur am Rande. Der spätere SPD-Politiker Carlo Schmid schreibt in seinen Erinnerungen über seine Eindrücke als Student: „Einzelheiten waren uns nicht interessant, uns genügte, dass die Verfassung demokratisch war, die Verbesserung der sozialen Verhältnisse in Gang brachte und das Regierungssystem imstande schien, Deutschland zusammenzuhalten.“[26]

Regierungsbildung und Verfassungsberatungen

Nachdem die Nationalversammlung am 10. Februar 1919 eine kurze Übergangsverfassung beschlossen hatte, wählte sie auf dieser Grundlage den Sozialdemokraten Friedrich Ebert zum **Reichspräsidenten**. Die Regierungsbildung war das Ergebnis von Koalitionsverhandlungen zwischen drei Parteien. Da die SPD nicht die absolute Mehrheit hatte, musste sie mit den beiden bürgerlichen Parteien DDP und Zentrum zusammenarbeiten und die sogenannte **Weimarer Koalition** bilden. Ministerpräsident wurde der Sozialdemokrat Philipp Scheidemann. Das Außenministerium übernahm der parteilose Graf von Brockdorff-Rantzau und das Innenministerium Hugo Preuß von der DDP.

24 SPD: 19, Zentrum: 6, DDP: 5, DNVP: 3, USPD: 3, Deutsche Volkspartei: 1

25 Marie Juchacz (1879–1956), Sozialpolitikerin und Frauenrechtlerin, Gründerin der „Arbeiterwohlfahrt“. Helene Weber (1881–1962) Reichstagsabgeordnete bis 1933; 1949 Mitglied des Parlamentarischen Rates; 1949–1962 Mitglied des Bundestages.

26 Carlo Schmid: Erinnerungen. München 1979, S. 96

Reichspräsident Ebert (Amtszeit 1919–1925).

Nach § 1 der Übergangsverfassung hatte die Nationalversammlung die Aufgabe, die „künftige Reichsverfassung sowie auch sonstige dringende Reichsgesetze zu beschließen“[27]. In Ausschüssen und im Plenum diskutierten die Volksvertreter grundsätzliche Fragen: Wie soll die politische Macht verteilt werden? Soll ein Bundes- oder ein Einheitsstaat entstehen? Soll die neue Verfassung einen Katalog von Grundrechten enthalten? Welche Stellung soll das Militär in dem neuen Staat einnehmen? Welche Eingriffe in die bestehende Wirtschafts- und Sozialstruktur sollen vorgenommen werden?

Innenminister Hugo Preuß legte daraufhin bereits im Februar einen ersten entscheidenden **Verfassungsentwurf** der Nationalversammlung vor. Der linksliberale Staatsrechtslehrer wollte mit seinem Entwurf „Solidarität zwischen Volk und Regierung“ stiften. Der wilhelminische Obrigkeitsstaat sollte ausgedient haben, das Volk sich selbst regieren. Nach der ersten Lesung des Entwurfes übergab ihn die Nationalversammlung zur weiteren Beratung einem 28-köpfigen **Verfassungsausschuss**. Die SPD als stärkste Partei stellte elf Mitglieder, überließ den Vorsitz aber dem DDP-Politiker Conrad Haußmann. Für die „parteiübergreifende Sachlichkeit“ der Arbeit in diesem Ausschuss sorgten sozialdemokratische Juristen sowie bürgerliche Staatsrechtslehrer und Ministerialbeamte.[28]

Der Verfassungsentwurf erfuhr im Laufe der Beratungen verschiedene Änderungen und wurde Ende Juli 1919 erneut der Nationalversammlung vorgelegt, die ihn in namentlicher Abstimmung mit 262 gegen 75 Stimmen annahm. Es gab also eine breite parlamentarische Mehrheit für die Verfassung. Dafür votierten die Abgeordneten der Sozialdemokraten, des Zentrums und der Deutschen Demokratischen Partei; dagegen stimmten die Abgeordneten der Deutschnationalen Volkspartei, der Deutschen Volkspartei, der Unabhängigen Sozialdemokraten und des Bayerischen Bauernbundes. 82 Abgeordnete aus allen Parteien blieben der Abstimmung fern. Einige waren krank, andere billigten Teile der Verfassung nicht.

27 § 1 der Übergangsverfassung. Zit. n. Horst Möller: Weimar: Die unvollendete Demokratie. München 1985, S. 111
28 Möller: Weimar, S. 127

Die Verfassungsgrundsätze

Die neue Reichsverfassung begann mit einer **Präambel** und gliederte sich in zwei Hauptteile. In der Präambel wurden als übergeordnete Ziele der Verfassung nicht nur Freiheit, Gerechtigkeit und Frieden genannt, sondern auch die Förderung des „gesellschaftlichen Fortschritts". Im ersten **Hauptteil** ging es um den Aufbau des Staates. Der Artikel 1 lautete: „Das Deutsche Reich ist eine Republik. Die Staatsgewalt geht vom Volke aus." Das Wahlrecht war allgemein, gleich und geheim. Wahlberechtigt waren alle Bürger über 20 Jahre. Ein Prinzip der Verfassung war, dass jede Form der Herrschaft durch das Volk legitimiert sein sollte. Das zentrale Organ der Reichsgewalt war der vom Volk gewählte Reichstag. Er übte die Gesetzgebung **(Legislative)** aus und kontrollierte die Reichsregierung **(Exekutive).** Diese bestand aus dem Reichskanzler und den Reichsministern. Sie benötigten für ihre Amtsführung das Vertrauen des Reichstages. Der Reichskanzler bestimmte die Richtlinien der Politik und trug gegenüber dem Reichstag in den Bereichen Außen-, Verteidigungs- und Finanzpolitik die Verantwortung.

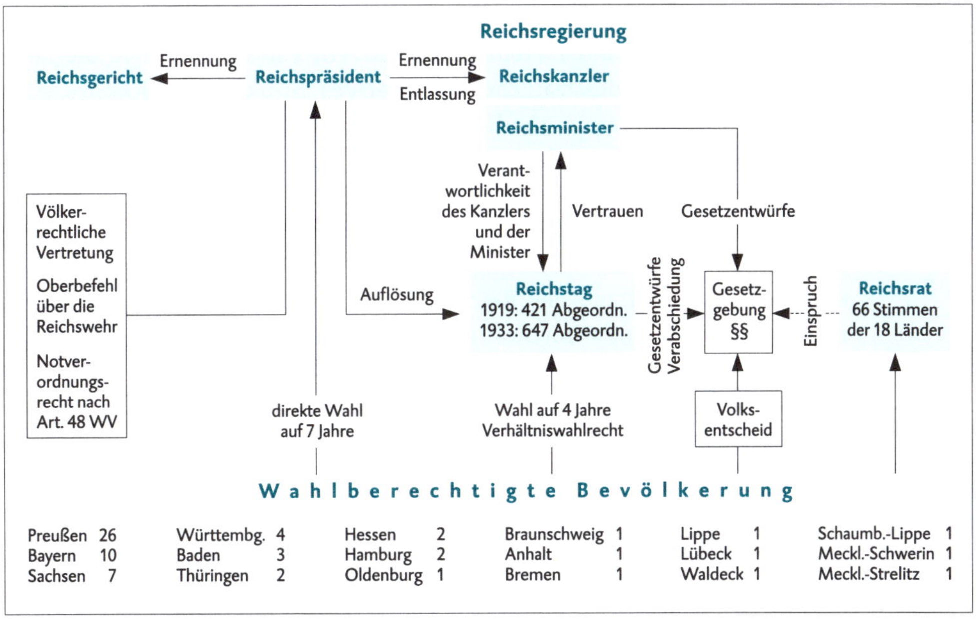

Die Verfassung der Weimarer Republik.

Als Gegengewicht zum Parlament wurde das Amt des Reichspräsidenten geschaffen. Der Reichspräsident, für die Amtsdauer von sieben Jahren ebenfalls vom Volk gewählt, erhielt dadurch besondere Autorität. Als Vorbild für dieses Amt diente das starke Staatsoberhaupt in einer konstitutionellen Monarchie. Zeitgenossen nannten den Reichspräsidenten gelegentlich „Ersatzkaiser". Er führte die Geschäfte des Reiches, vertrat das Reich völkerrechtlich, hatte den Oberbefehl über die Reichswehr und besaß das Recht, das Parlament aufzulösen. Der Reichspräsident berief und entließ die Reichsregierung. Bei erheblicher „Störung oder Gefährdung der öffentlichen Sicherheit und Ordnung" ermöglichte der **Artikel 48** der Verfassung eine vorübergehend vom Parlament und von den Grundrechten der Verfassung losgelöste Alleinregierung. Ohne die Mitwirkung des Reichstages konnte in diesem Fall der Reichspräsident Gesetze mithilfe sogenannter **Notverordnungen** beschließen.

Als zusätzliches Gegengewicht zum Reichstag waren weitere Formen der unmittelbaren Demokratie in die Verfassung eingebaut. Das Volk konnte durch ein **Volksbegehren** etwas vor den Reichstag bringen und durch einen **Volksentscheid** einen Beschluss des Reichstages oder Reichsrates außer Kraft setzen.

Im Unterschied zum Verfassungsentwurf von Hugo Preuß, der die Auflösung der großen Länder Preußen und Bayern vorsah, bestätigte die neue Verfassung die bundesstaatliche **(föderative)** Struktur des Reiches. Das Reichsterritorium war in Länder gegliedert, deren Vertreter im Reichsrat beratend an der Gesetzgebung teilnahmen.[29] Die rechtsprechende Gewalt **(Judikative)** lag bei den Richtern. Die ordentliche Gerichtsbarkeit übten das Reichsgericht und die Gerichte der Länder aus (Art. 103). Ein Reichsverfassungsgericht sah die Verfassung nicht vor. Ein **Staatsgerichtshof** konnte eingerichtet werden, um den Reichspräsidenten oder Mitglieder der Reichsregierung anzuklagen, wenn diese schuldhaft die Verfassung verletzten.

Schwächen der Verfassung

Im Nachhinein stellten Historiker Schwächen im Aufbau des ersten Hauptteils der Verfassung fest, die sie für das spätere Scheitern der Weimarer Republik mitverantwortlich machten. Ein Problem sehen sie darin, dass die Verfassungsgeber die Parteien, die die Träger des Parlamentarismus sind, nicht in die Verfassung eingebaut hatten. Deren Verantwortung gegenüber dem

29 Die Länder des deutschen Reiches waren: Preußen, Bayern, Sachsen, Württemberg, Baden, Thüringen, Hessen, Hamburg, Mecklenburg-Schwerin, Mecklenburg-Strelitz, Oldenburg, Braunschweig, Bremen, Anhalt, Lippe, Lübeck, Schaumburg-Lippe. Von diesen 17 Ländern war Preußen das größte. Es umfasste zwei Drittel des Reichsterritoriums und drei Fünftel der gesamten deutschen Bevölkerung.

Staat legte die Verfassung nicht fest. Eine andere Schwäche lag in der starken Stellung des Reichspräsidenten. Im Ausnahmefall, wenn der Reichstag nicht imstande war, seine gesetzgeberischen Aufgaben zu erfüllen, vereinigte er die gesetzgebende und die ausführende Gewalt in seiner Hand. Sehr viel hing dann allein von seiner Person ab.

Innenminister Hugo Preuß (rechts) und der zukünftige Finanzminister Matthias Erzberger.

Grundrechte

Der zweite Hauptteil der Verfassung war überschrieben mit „Grundrechte und Grundpflichten der Deutschen". In ihn floss das Erbe der Revolution von 1848/49 ein. Neben den „klassischen" **Menschenrechten** wie der Gleichheit vor dem Gesetz, Meinungs-, Versammlungs- und Pressefreiheit finden sich hier Bestimmungen über die Familie, die Stellung der Konfessionen, der Wissenschaft und der Schule. Diese Grundrechte konnte der Bürger vor Gericht jedoch nicht einklagen, und Gesetzgebung und Exekutive waren nicht an sie gebunden. In Krisenzeiten konnten sie sogar außer Kraft gesetzt werden.

Auf Drängen der Sozialdemokraten wurden auch soziale Rechte festgeschrieben, die die Möglichkeit zur Veränderung der wirtschaftlichen und sozialen Verhältnisse schufen. Der Artikel 163 formulierte die Pflicht „jedes Deutschen", seine geistigen und körperlichen Kräfte zum „Wohl der Gesamtheit" einzusetzen. Dem Reich wurde das Recht zugeschrieben, „private wirtschaftliche Unternehmungen in Gemeineigentum" **(Sozialisierung)** zu überführen. In weiteren Artikeln ging es um das Recht, „Betriebsarbeiterräte" zu bilden. Hier fand die Rätebewegung ihren Niederschlag in der Verfassung.

Bewertung

Die neue Verfassung stellte das staatliche Leben auf eine neue Grundlage und sicherte die Einheit des Reiches. Sie war geprägt von **liberalen** Verfassungsideen und nicht von **sozialistischen.** Der Historiker Eberhard Kolb betont den Kompromisscharakter der Verfassung, wenn er schreibt: „Die Verfassung war eine ‚Verfassung ohne Entscheidung', sie war ein System politischer und sozialer Kompromisse, welche die gemäßigte Arbeiterbewegung und die demokratischen Teile des Bürgertums nach dem Sturz des Kaiserreichs eingegangen waren, daher in vielen Teilen unentschieden, aber auch offen für eine zukünftige Weiterentwicklung."[30] Ein charakteristisches Beispiel für den Kompromisscharakter der Verfassung ist die Flaggenregelung in Artikel 3. Die neuen Reichsfarben „schwarz-rot gold" waren die Farben der Märzrevolution des Jahres 1848. Die Handelsflagge behielt jedoch die kaiserlichen Farben schwarz-weiß-rot mit den Reichsfarben in der oberen Ecke. Die Farben der Monarchie blieben also neben den neuen bestehen.

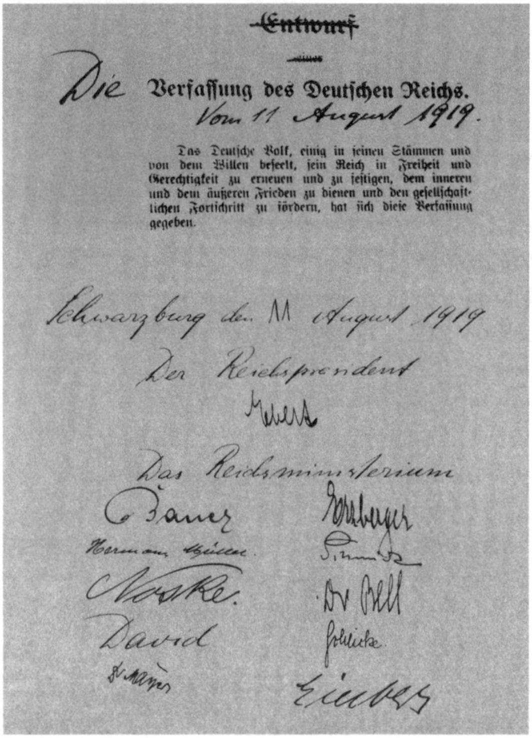
~~Entwurf~~

Die Verfassung des Deutschen Reichs.
Vom 11 August 1919.

Das Deutsche Volk, einig in seinen Stämmen und von dem Willen beseelt, sein Reich in Freiheit und Gerechtigkeit zu erneuen und zu festigen, dem inneren und dem äußeren Frieden zu dienen und den gesellschaftlichen Fortschritt zu fördern, hat sich diese Verfassung gegeben.

Schwarzburg den 11 August 1919

Der Reichspräsident

Das Reichsministerium

Unterschriften des Reichspräsidenten und des Kabinetts unter die Reichsverfassung.

Als die Nationalversammlung die Verfassung am 11. August 1919 annahm, konnte keiner der Beteiligten vorhersagen, wie die Bestimmungen in die politische Realität umgesetzt würden. Die Abgeordneten der Nationalversammlung waren mit ihrem Werk zufrieden. Der Vorsitzende des Verfassungsausschusses, Conrad Haußmann, traf die allgemeine Stimmung, als er sagte: „Wenn diese Verfassung angenommen wird, dann wird man sagen können, dass kein Volk der Welt eine freiere Konstitution hat [...]."[31] War dieser Optimismus gerechtfertigt? Würde die neue Verfassung von den Menschen im Reich innerlich auch angenommen werden? Würde das Bündnis zwischen Arbeiterbewegung und Bürgertum halten? Würde sich die neue staatliche Ordnung auf Dauer als tragfähig erweisen?

30 Kolb: Die Weimarer Republik, S. 20

31 Aus dem Bericht des Vorsitzenden des Verfassungsausschusses über das Ergebnis der Aus schussarbeit vom 2. 7. 1919. In: Lautemann, Wolfgang u. Schlenke, Manfred (Hrsg.): Geschichte in Quellen: Weltkriege und Revolutionen 1914–1945. München 1989, S. 165

Der Versailler Friedensvertrag und die Reaktionen in Deutschland

Chronologie	
8. Januar 1918	Friedensprogramm Präsident Wilsons (Vierzehn Punkte)
18. Januar 1919	Eröffnung der Friedenskonferenz in Paris
7. Mai 1919	Übergabe der Friedensbedingungen an die deutsche Delegation
16. Juni 1919	Alliiertes Ultimatum zur Annahme der Friedensbedingungen
20. Juni 1919	Rücktritt des Kabinetts Scheidemann, Kabinett Bauer übernimmt die Regierung
28. Juni 1919	Unterzeichnung des Friedensvertrages in Versailles

Ziele und Teilnehmer

Wichtige Ereignisse können gleichzeitig geschehen. Während die deutschen Politiker in Weimar über eine neue Reichsverfassung berieten, traten in Paris die Vertreter der Siegermächte zusammen, um in nicht öffentlichen Verhandlungen zwei große Aufgaben zu lösen. Erstens mussten umfassende Friedensverträge mit den besiegten „Mittelmächten" – Deutschland, Österreich-Ungarn, Bulgarien, Türkei – ausgearbeitet und dann den Besiegten vorgelegt werden. Die Zukunft Deutschlands war dabei ein zentrales Problem. Zweitens ging es nach der Auflösung des Habsburgerreiches und dem Zerfall des osmanischen Reiches um die Neuordnung Mittel- und Südosteuropas. Dabei sollte das **Selbstbestimmungsrecht der Völker** Anwendung finden.

Die weltweite Ausdehnung des vergangenen Krieges verlangte eine Friedensregelung, an der alle alliierten und assoziierten Mächte teilnahmen. 27 Staaten entsandten über tausend Politiker, Diplomaten und Völkerrechtler nach Paris. Vertreter der Kriegsgegner waren nicht geladen. Die Sieger sahen sie nicht als gleichberechtigt an und lehnten Verhandlungen mit ihnen ab. Auch eine Delegation des bolschewistischen Russlands wurde nicht zur Konferenz eingeladen. Die Beziehung zwischen den Alliierten und dem Sowjetstaat waren ungeklärt und die von Moskau betriebene Ausbreitung der revolutionären Bewegungen nach Mitteleuropa betrachteten die westlichen Staatsmänner mit Furcht.

US Präsident Wilson wird bei seiner Rundfahrt mit Präsident Poincaré durch Paris am 13. 12. 1918 von der französischen Bevölkerung begrüßt.

Bei den Verhandlungen ging es darum, sich in geheimer Diplomatie über Ansprüche gegenüber den Besiegten und über umfassende Friedensbedingungen zu einigen. Langwierige und komplizierte Verhandlungen standen bevor. Um überhaupt arbeitsfähig zu werden, bildeten die Teilnehmer eine Vielzahl von Ausschüssen. In der Zeit von Januar bis Juni 1919 hielten 58 Ausschüsse 1 646 Sitzungen ab. Als Entscheidungsgremium für die großen offenen Probleme tagte der **„Rat der Vier“**, dem US-Präsident Woodrow Wilson, der britische Premier David Lloyd George, der französische Ministerpräsident Georges Clemenceau und der italienische Ministerpräsident Vittorio Orlando angehörten.

Interessen der Siegerstaaten und deutsche Erwartungen

In den Kriegsjahren hatte sich die alliierte Koalition als fest und einig erwiesen. Als jetzt Frieden geschlossen werden sollte, gingen die Meinungen über Mittel und Wege des Friedensschlusses auseinander. US-Präsident Wilson wollte eine führende Rolle bei der Neuordnung Europas übernehmen. Um den Weltfrieden für alle Zukunft zu sichern, wollte er ein Weltparlament, **den Völkerbund**, als Instrument schaffen. Dieser sehr idealistischen Auffassung von einer übernationalen Friedenssicherung standen die nationalen Interessen der europäischen Siegerstaaten gegenüber. Der französischen Delegation ging es in erster Linie um die Durchsetzung französischer Sicherheitsinteressen. Frankreich sah das wirtschaftlich überlegene Deutschland vor sich und plädierte deshalb für einen harten Friedensschluss, um Deutschland dauerhaft zu schwächen. Im Gespräch waren Zerstückelungspläne und die Abtrennung aller linksrheinischen Gebiete. Auch sollte in Osteuropa unter Führung Frankreichs ein Bündnissystem unter Einbeziehung von Polen und der Tschechoslowakei entstehen. Der britische Premier Lloyd George dagegen dachte an die Wiederherstellung des europäischen Gleichgewichts und wollte eine französische Hegemonie in Europa verhindern. Als Handelspartner und als Gegengewicht im europäischen Mächtesystem sollte Deutschland erhalten bleiben. Es war die Aufgabe der Konferenz, einen Konsens zwischen den Grundsätzen Wilsons und den Absichten der westeuropäischen Staatsmänner zu schaffen. Dabei standen die Staatsmänner unter dem Druck der öffentlichen Meinung in ihren Heimatländern, wo die Stimmung von nationalistischen Tönen beherrscht wurde.

Grundlage für alle Überlegungen auf deutscher Seite war das Friedensprogramm des amerikanischen Präsidenten Wilson, das er zwischen Januar und September 1918 verkündet hatte. **„Vierzehn Punkte“** sollten als Richtlinie für den Weltfrieden dienen. Die darin enthaltenen Forderungen nach dem Selbstbestimmungsrecht der Völker, der Freiheit des Handels und der **„Herrschaft des Rechts“** ließen auf deutscher Seite einen friedlichen Interessenausgleich erhoffen. Friedrich Ebert sagte zur Eröffnung der Nationalversammlung: „Jetzt gebe man uns den Wilson-Frieden, auf den wir Anspruch haben.“[32] Die Reichsregierung forderte die volle politische Selbständigkeit und Gleichberechtigung.

Regierungskommissionen rechneten zwar mit Zahlungen von Reparationen und mit der Abtretung von Elsass-Lothringen an Frankreich, richteten sich aber auf eine direkte Aussprache mit den Alliierten ein, um alle wichtigen Fragen zu klären. Aber diese einseitig auf Amerika orientierte Politik war ein Irrtum. Deutschland war auf der Pariser Friedenskonferenz kein Verhandlungspartner und von jeglichen Informationen über die Beratungen der Siegermächte ausgeschlossen.

Das Ergebnis der Friedenskonferenz

Das Ergebnis der Pariser Konferenz war ein „Vertragsgebäude“ mit Statuten, Grenzverträgen, Wirtschaftsvereinbarungen, Garantie- und Schutzpakten. Es bestand aus den sogenannten Vorortverträgen von **Versailles** (28. Juni 1919 mit Deutschland), **St. Germain** (10. September 1919 mit Österreich), **Trianon** (4. Juni 1920 mit Ungarn), **Neuilly** (27. November 1919 mit Bulgarien) und **Sèvres** (10. August 1920 mit der Türkei).

Eine Säule war der Vertrag von Versailles. Am 7. Mai 1919 versammelten sich die Vertreter der Alliierten in einem Pariser Hotel. Eine deutsche Delegation unter der Leitung des Außenministers **Graf Brockdorff-Rantzau** wurde hineingeführt. Es war die erste Begegnung zwischen Siegern und Besiegten nach Jahren des Krieges. Der französische Ministerpräsident Clemenceau hielt eine kurze Ansprache: „Die Stunde der Abrechnung ist da.

32 Friedrich Ebert zur Eröffnung der Nationalversammlung am 6. 2. 1919. Zit. n. Michalka, Niedhart (Hrsg.): Deutsche Geschichte 1918–1933, S. 50

Clemenceau überreicht im Hotel Trianon-Palace in Versailles der deutschen Delegation den Text des Friedensvertrages.

Sie haben uns um Frieden gebeten. Wir sind geneigt, ihn Ihnen zu gewähren. Wir übergeben Ihnen das Buch des Friedens."[33] Er überreichte der deutschen Delegation einen Entwurf des Vertragswerkes mit der Aufforderung, schriftlich dazu Stellung zu nehmen. Mündliche Verhandlungen der Bedingungen wurden nicht zugestanden.

Was übergeben wurde, war in der Tat ein „Buch", das in 15 Teile und 440 Artikel gegliedert war. In seinem Umfang unterschied sich der Versailler Friedensvertrag gravierend von den Friedensverträgen des 19. Jahrhunderts, die mit wenigen Artikeln ausgekommen waren. Der Entwurf, der bis zur Unterzeichnung noch kleinere Änderungen erfuhr, war das Ergebnis eines Ausgleiches unterschiedlicher Interessen. Der Historiker Hagen Schulze schreibt dazu: „Insgesamt war der Friedensvertrag das Ergebnis eines Kompromisses zwischen Wilson und seinen europäischen Verbündeten, zwischen der Vision einer auf demokratischen Prinzipien beruhenden Weltfriedensordnung und den höchst irdischen Sicherheits- und Machtinteressen der europäischen Siegermächte."[34]

Dieser Ausgleich lässt sich an den Bestimmungen des Vertrages ablesen. Präsident Wilson hatte durchgesetzt, dass die Völkerbundsatzung als Bestandteil in den allgemeinen Friedensvertrag aufgenommen wurde. Obwohl Deutschland zunächst eine Mitgliedschaft verwehrt wurde, enthielt der Versailler Friedensvertrag als erstes Kapitel den Text der **Völkerbundsatzung.** Die folgenden territorialen Bestimmungen entsprangen machtpolitischem Denken. Dabei konnten Wilson und Lloyd George die besonders harten Forderungen der Franzosen noch abmildern. Im Osten wurde der größte Teil der

33 Aus der Ansprache Clemenceaus in Versailles am 7. 5. 1919. Zit. n: Lautemann, Schlenke (Hrsg.): Weltkriege und Revolutionen 1914–1945, S. 126
34 Hagen Schulze: Weimar: Deutschland 1917–1933. Berlin 1982, S. 196

Provinzen Posen und Westpreußen ohne Abstimmung der Bevölkerung an Polen abgetreten. Polen erhielt dadurch einen freien Zugang zur Ostsee. Danzig mit Umgebung wurde nicht polnisch, sondern erhielt den Status einer „Freien Stadt" unter dem Schutz des Völkerbundes. Im südlichen Ostpreußen, in Westpreußen (östlich der Weichsel) und in Oberschlesien waren **Volksabstimmungen** vorgesehen.[35] Im Osten hatte das Deutsche Reich ferner das Hultschiner Ländchen an die Tschechoslowakei und das Memelgebiet an die Alliierten abzutreten.

Im Westen fiel Elsass-Lothringen an Frankreich und der Kreis Eupen-Malmedy an Belgien. Das Saargebiet wurde für 15 Jahre der Verwaltung des Völkerbundes unterstellt. Die Verfügungsgewalt über die dortigen Kohlegruben erhielt Frankreich. Das Rheinland wurde „entmilitarisiert". Das linksrheinische Gebiet blieb zwar Teil Deutschlands, stand aber unter militärischer Kontrolle der Franzosen. Für Nordschleswig wurde eine Volksabstimmung anberaumt, die dazu führte, dass Nordschleswig dänisch wurde. Von weiteren territorialen Bestimmungen, die man Deutschland auferlegte, sind noch der Verlust aller Kolonien und das Verbot der Vereinigung Deutschlands mit Österreich von Bedeutung.

Plakat zum Friedensvertrag von Versailles von Louis Oppenheim aus dem Jahr 1919.

Anschließend folgten die Entwaffnungsbestimmungen. Der Vertrag verlangte die Auslieferung des gesamten Kriegsmaterials und setzte die Stärke des deutschen Heeres auf **100 000 Mann** und die der Marine auf 15 000 Mann

35 Die Volksabstimmung im südlichen Ostpreußen und in Westpreußen erbrachte im Juli 1920 eine Mehrheit für den Verbleib bei Deutschland. Das Abstimmungsergebnis in Oberschlesien führte zu einer Teilung. Der größere Teil blieb bei Deutschland. Das Zentrum des Industriegebietes um Kattowitz kam zu Polen.

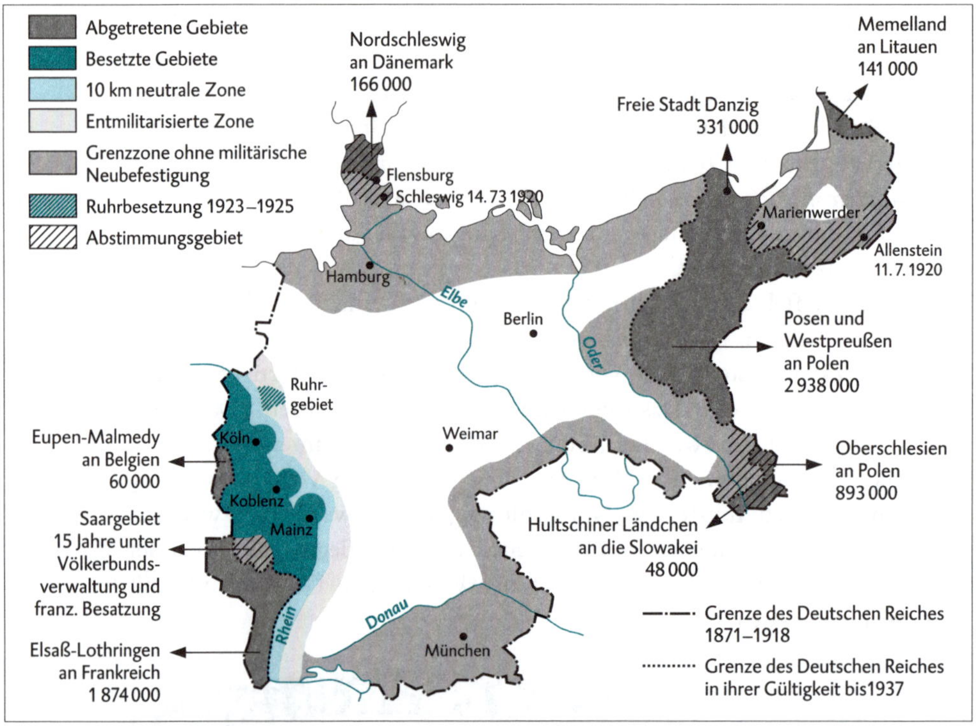

Territoriale Bestimmungen des Versailler Vertrags.

fest. Die Wehrpflicht wurde verboten, der Große Generalstab aufgelöst. Eine Luftwaffe und Unterseeboote durfte Deutschland künftig nicht unterhalten. Die Flotte war auszuliefern und alle Festungen zu schleifen. Artikel 228 verlangte die Auslieferung aller „wegen einer gegen die Gesetze und Gebräuche des Krieges verstoßenden Handlung" angeklagten Deutschen, um sie durch alliierte Militärgerichte aburteilen zu lassen.

Artikel 231 leitete das Reparationskapitel ein. Dieser sogenannte **Kriegsschuldartikel** erschien nicht in der Präambel des Vertrages, was ihn besonders herausgestellt hätte, sondern unter „ferner liefen" im hinteren Teil des Vertragswerkes. Er machte Deutschland als Urheber des Krieges für alle Verluste und Schäden verantwortlich und sollte dazu dienen, alle Wiedergutmachungsleistungen rechtlich zu begründen. Lloyd George und Clemenceau wünschten einen vollständigen Ersatz aller Kriegskosten. Die Höhe der Reparationssumme blieb zunächst offen, weil die wirtschaftliche Leistungsfähigkeit Deutschlands zum damaligen Zeitpunkt noch nicht feststand. Reparationskommissionen sollten eingesetzt werden, um die jährlichen Zahlungen festzulegen.

Ablehnung oder Annahme

Der Text des Friedensvertrages wurde in Deutschland veröffentlicht und die Empörung in der Öffentlichkeit war groß. Unter den Politikern aller Parteien entspann sich eine Debatte um die entscheidende Frage: Ablehnung oder Annahme des Vertrages. Unterzeichnete die Reichsregierung, dann bedeutete dies eine schwere Belastung der jungen Republik. Alle Schuld konnte auf die demokratischen Politiker geschoben werden. Lehnte die Reichsregierung die Unterzeichnung ab, musste sie die Verantwortung für den Einmarsch alliierter Truppen, Hungersnot und Aufruhr übernehmen.

Vor der Nationalversammlung schien **Regierungschef Scheidemann** mit seinen berühmten Sätzen „[...] dies Buch darf nicht zum Gesetzbuch der Zukunft werden. [...] Welche Hand müsste nicht verdorren, die sich und uns in diese Fesseln legt? Dieser Vertrag ist nach Auffassung der Reichsregierung unannehmbar“[36] die Stimmung der Bevölkerung und die Einstellung der Parteien zu treffen. Doch in Wirklichkeit herrschte in der Weimarer Koalition keine Einigkeit. Die Fraktionen der Sozialdemokraten und die des Zentrums sprachen sich mit Vorbehalten für die Annahme aus. Die bürgerliche DDP-Fraktion wollte jedoch die Verantwortung für die unvermeidliche Unterzeichnung auf keinen Fall mit übernehmen und trat aus der Regierung aus. Die daraus resultierende erste Regierungskrise des jungen Staates hatte zur Folge, dass am 20. Juni 1919 das Kabinett Scheidemann zurücktrat. Nach der Meinung des Historikers Michael Salewski beweist dieses Ereignis bereits die „Sprengkraft“ des Versailler Vertrages für die Weimarer Republik, die noch in ihrer Gründungsphase steckte.[37] Irgendjemand aber musste öffentlich die politische Hauptverantwortung für die Unterzeichnung und damit indirekt auch für die militärische Niederlage des Kaiserreiches übernehmen. SPD und Zentrum einigten sich auf die Bildung eines Minderheitskabinetts. Zum Nachfolger von Scheidemann ernannte Reichspräsident Ebert seinen Parteifreund **Gustav Bauer**. Vizekanzler in dem neuen Kabinett wurde Matthias Erzberger von der katholischen Zentrumspartei.

Nachdem Anfang Juni 1919 Clemenceau festgestellt hatte: „Die Zeit der Erörterungen ist vorbei“, stellten die Alliierten am 16. Juni den Deutschen ein Ultimatum. Sie verlangten die vorbehaltlose Unterzeichnung des Friedensvertrages innerhalb von sieben Tagen. Eine Ablehnung hätte zweifellos die Wiederaufnahme der Kampfhandlungen bedeutet.

36 Rede vor der Nationalversammlung am 12. 5. 1919 in der Aula der Berliner Universität. Zit. n. Lautemann, Schlenke (Hrsg.): Geschichte in Quellen, S. 129

37 Michael Salewski: Deutschland: Eine politische Geschichte. Band 2. München 1993, S. 188

Unter Aufsicht der Alliierten zerstören deutsche Soldaten Gewehre.

Reichspräsident Ebert befragte die deutsche Heeresleitung. Generalquartiermeister Wilhelm Groener versicherte ihm: „Die Wiederaufnahme des Kampfes ist nach vorübergehenden Erfolgen im Osten im Enderfolg aussichtslos. Der Friede muss daher unter den vom Feinde erstellten Bedingungen abgeschlossen werden.“[38] Im Lichte dieser pessimistischen Lagebeurteilung stimmte die **Nationalversammlung** am 22. Juni über die Vertragsunterzeichnung ab. Eine Mehrheit von 237 gegen 138 Abgeordnete bei 5 Enthaltungen stimmte für die Annahme der Friedensbedingungen und erteilte dem Kabinett einen Tag vor Ablauf des Ultimatums die Ermächtigung zur Unterzeichnung.

Am 28. Juni 1919 reisten der Außenminister Hermann Müller, Vorsitzender der SPD, und der der Zentrums-Partei angehörende Verkehrsminister Johannes Bell nach Paris. Im **Spiegelsaal des Schlosses von Versailles** setzten sie ihre Unterschriften unter den Friedensvertrag. Der Ort war bewusst gewählt. Hier hatte nach der Niederlage Frankreichs im Deutsch-Französischen Krieg 1871 mit der Proklamation des Königs von Preußen zum deutschen Kaiser der Gründungsakt des neuen Deutschen Reiches stattgefunden. Der Vertrag wurde im Reichsgesetzblatt verkündet und damit auch gültiges Recht. Neben der Verfassung war der Versailler Vertrag das zweite „Grundgesetz“ der Republik.[39]

38 Zit. n. Lautemann, Schlenke (Hrsg.): Geschichte in Quellen, S. 130
39 Salewski: Deutschland, S. 183

Protestversammlung der SPD gegen den Versailler Friedensvertrag an der Berliner Siegessäule am 13. Mai 1919.

Die deutschen Reaktionen

Eine Chemnitzer Pfarrersfrau schrieb am Tage der Unterzeichnung in ihr Tagebuch: „Eine denkwürdige Stunde! Jetzt wird im Spiegelsaal von Versailles der Friede von uns unterzeichnet. Wir empfinden weder furchtbare Schmach noch Befreiung, dass nun endlich nach 5 Jahren Frieden ist. Alle Gedanken richten sich auf den sittlichen-wirtschaftlichen Aufbau im Vaterland."[40] Dieses nüchterne Urteil spiegelt nicht die öffentliche Meinung wider. Weite Teile der Bevölkerung reagierten emotional und ließen sich nicht auf eine sachgerechte Debatte über den Wiederaufbau des Landes, Fragen nach den Ursachen des Krieges oder den Gründen für die militärische Niederlage ein. „Im Felde unbesiegt" hieß es und man verwies darauf, dass beim Abschluss des Waffenstillstandes die Front außerhalb der Reichsgrenzen verlaufen war.

Die Behandlung der deutschen Delegation in Versailles, die wochenlang abseits der Verhandlungen warten und sich einem Ultimatum beugen musste, hinterließ bei vielen Deutschen den Eindruck, dass nicht Frieden geschlossen, sondern ein „Herrschaftsakt" vollzogen worden war. Man nannte den Versailler Vertrag ein „Diktat", empfand die „Schmachparagraphen" als ungerecht und die Abschaffung der Wehrpflicht als demütigend. Der Hauptteil der Empörung richtete sich gegen den „Kriegsschuldartikel" und den Auslieferungs-

40 Aus einem unveröffentlichten Tagebuch, das dem Verfasser vorliegt.

paragraphen. Weite Teile der Bevölkerung verstanden den Vertrag als Angriff auf die nationale Ehre. In einer diplomatischen Note erklärte die deutsche Regierung zwar: „Durch einen Gewaltakt wird die Ehre des deutschen Volkes nicht berührt.“[41] Aber genau das Gegenteil war der Fall. Viele Deutsche fühlten sich erniedrigt und sahen das Land auf den Rang einer zweitklassigen Nation herabgestuft. Dieses Gefühl, in der Geschichte wieder einmal zu kurz gekommen zu sein, wurde ein Element des nationalen Bewusstseins in Deutschland. Thomas Mann schrieb in einem Brief: „Das große Deutschtum von Luther bis Bismarck und Nietzsche widerlegt und entehrt, das ist die Tatsache, [...] die in manchen wohl ersonnenen Paragraphen der Friedensbedingungen festgelegt wird [...].“[42]

Zu der Auffassung von der geraubten nationalen Ehre trat das Gefühl politischer Ohnmacht, das durch die Entwaffnungsbestimmungen, Gebietsabtretungen und Forderungen nach finanzieller Entschädigung geweckt wurde. In der Debatte der Nationalversammlung brachte der Abgeordnete Dr. Kahl von der Deutschen Volkspartei dieses Gefühl zum Ausdruck: „Wir lehnen ab, weil bei der Annahme des Friedens der deutsche Staat als solcher vernichtet ist. Die beiden Säulen der staatlichen Kraft, Finanzhoheit und Militärhoheit, sind vernichtet.“[43]

Die Menschen sprachen nach 1919 von den „Feinden“ fast in gleicher Tonart wie während des Krieges. Die zu erwartende schwierige Durchführung der Vertragsbestimmungen ließ nicht auf einen raschen Abbau der Spannungen zwischen Siegern und Besiegten hoffen. Zu den Anklagen gegen die Sieger kam, dass alle politischen und gesellschaftlichen Kräfte öffentlich eine rasche **Revision des Vertrages als Hauptziel deutscher Außenpolitik** anstrebten. Es ging darum, von Bedingungen auf den Gebieten der Reparationen, der Entwaffnung und der noch nicht entschiedenen Gebietsfragen loszukommen. Es ging aber auch – rückwärtsgewandt – um die Wiederherstellung eines im Gedächtnis der Deutschen einst glanzvollen Zustandes. Über die konkrete Ausführung und das Tempo dieser **Revisionspolitik** bestand allerdings keine Einigkeit.

41 Deutsche Note bezüglich der Unterzeichnung des Vertrages von Versailles vom 23. 6. 1919. Zit. n.: Lautemann, Schlenke (Hrsg.): Geschichte in Quellen, S. 131

42 Brief an Gustav Blume vom 5. Juli 1919. In: Thomas Mann: Briefe 1889–1936. Frankfurt 1961, S. 164

43 Debatte der Nationalversammlung über den Friedensvertragsentwurf am 22. 6. 1919. In: Michalka, Niedhart (Hrsg.): Deutsche Geschichte 1918–1933, S. 93

Bewertung des Vertrages

Das Urteil der Zeitgenossen über den Versailler Vertrag unterscheidet sich deutlich von dem heutiger Historiker. Bei allen Schwächen des Versailler Friedensvertrages war er besser als sein Ruf. Die heutigen Historiker sind sich weitgehend darüber einig, dass die Friedensbedingungen zwar hart waren, der Vertrag dennoch kein „karthagischer Frieden" war, d. h. er vernichtete Deutschland nicht als Staat.

Hart waren die territorialen Bestimmungen, die gegen das Selbstbestimmungsrecht verstießen. Deutschland wurde nicht zum Völkerbund zugelassen und ein Zusammenschluss mit Österreich wurde verboten. Ein Vorwurf gegen den Friedensvertrag betrifft die in ihrer Höhe nicht festgelegten Reparationsleistungen; dadurch waren Auseinandersetzungen zwischen Deutschen und Alliierten vorprogrammiert. Ein weiterer Vorwurf richtet sich auf die Zuweisung der alleinigen Kriegsschuld, die von Anfang an das Verhältnis zwischen Siegern und Besiegten belastete. Historiker werfen auch die Frage auf, ob die Alliierten richtig handelten, als sie den demokratischen Politikern der Weimarer Republik die Folgen der Niederlage aufbürdeten.

Auf der anderen Seite muss auch gesehen werden, dass die **Reichseinheit** bestehen blieb und dass das große **wirtschaftliche Potential** Deutschlands sich in absehbarer Zeit wieder aktivieren ließ. Über die inneren Angelegenheiten konnten die Deutschen weiterhin selbst bestimmen und die Aussichten, wieder in den Kreis der europäischen Großmächte aufzusteigen, waren durch den Friedensvertrag nicht zerstört. Deutschland war nicht mehr eingekreist zwischen den Westalliierten und Russland. Durch die Neugründung von Staaten in Mittel- und Osteuropa konnten sich neue Handlungsspielräume für die deutsche Diplomatie eröffnen. Ob Deutschland die innen- und außenpolitischen Chancen wahrnehmen würde, hing auch davon ab, ob die Alliierten auf der Einhaltung der Bestimmungen des Versailler Vertrages beharren oder diese umsichtig und rechtzeitig abmildern würden.

Die Außenpolitik der Weimarer Republik

Chronologie	
10. Januar 1920	Inkrafttreten des Versailler Vertrages
21. Februar 1920	Londoner Konferenz zur Reparationsfrage; Androhung von Sanktionen
13.–17. März 1920	Kapp-Putsch; Flucht der Reichsregierung nach Stuttgart, Zusammenbruch des Putsches durch Generalstreik
März 1920	US-Senat lehnt den Beitritt der USA zum Völkerbund ab
10. August 1920	Unterzeichnung des Friedensvertrages zwischen der Türkei und den Alliierten (Sèvres)
11. Mai 1921	Annahme des „Londoner Zahlungsplans“ durch den Reichstag, Beginn der „Erfüllungspolitik“ durch das Kabinett Wirth
26. August 1921	Ermordung des Zentrumspolitikers Erzberger, Leiter der deutschen Delegation vom November 1918
20. Oktober 1921	Völkerbundsbeschluss über die Teilung Oberschlesiens zwischen Deutschland und Polen
10.–19. April 1922	Konferenz von Genua
16. April 1922	Rapallo-Vertrag zwischen Deutschland und Sowjetrussland
24. Juni 1922	Ermordung des deutschen Außenministers Walter Rathenau durch Rechtsextremisten
August 1922	Beschleunigung der Inflation
11. Januar 1923	Besetzung des Ruhrgebietes durch französische und belgische Truppen
13. Januar 1923	Verkündung des „passiven Widerstandes“ durch die Reichsregierung
14. Juli 1923	Beginn der Räumung des Ruhrgebietes durch alliierte Truppen
12. August 1923	Sturz des Kabinetts Cuno; Große Koalition (SPD, DDP, Zentrum und DVP) unter Gustav Stresemann (DVP)
26. September 1923	Abbruch des „passiven Widerstands“ im Ruhrgebiet; Höhepunkt der Inflation
15. November 1923	Einführung der Rentenmark (eine Rentenmark = Billion Papiermark)
9. April 1924	Veröffentlichung des Dawes-Plans zur Regelung der Reparationszahlungen
November 1924	Räumung der Kölner Zone durch die Franzosen
5.–16. Oktober 1925	Konferenz von Locarno (deutsche Anerkennung der Westgrenzen)
1. Dezember 1925	Unterzeichnung der Locarno-Verträge in London

24. April 1926	Deutsch-sowjetischer Vertrag über Freundschaft und Neutralität („Berliner Vertrag“)
8. September 1926	Aufnahme Deutschlands in den Völkerbund
10. Dezember 1926	Stresemann und sein französischer Amtskollege Aristide Briand erhalten den Friedensnobelpreis
27. August 1928	Unterzeichnung des Briand-Kellogg-Paktes („Kriegsächtungspakt“)
20. Oktober 1928	Hugenberg wird Vorsitzender der DNVP
11. Februar–7. Juni 1929	Konferenz in Paris zur Überprüfung der Reparationsregelungen unter Vorsitz des amerikanischen Bankiers Owen D. Young
Februar 1929	2,4 Millionen Arbeitslose
9. Juli 1929	Beginn der Anti-Young-Plan-Kampagne unter Hugenberg (DNVP)
3. Oktober 1929	Tod Außenminister Stresemanns
25. Oktober 1929	„Schwarzer Freitag“, Beginn der Weltwirtschaftskrise
22. Dezember 1929	Scheitern des Volksentscheids gegen den Young-Plan

Die Ausgangslage

Mit der Pariser Friedenskonferenz ging die unmittelbare Nachkriegszeit zu Ende. Nach blutigem Krieg und schwierigem Friedensschluss bestand die eigentliche Herausforderung für die maßgebenden Staatsmänner darin, den Frieden mit allen politischen und diplomatischen Mitteln langfristig zu pflegen und zu festigen. Das verlangte von ihnen, den Frieden in Europa als Ganzes zu sehen. Aber in allen europäischen Staaten waren im Sommer des Jahres 1919 die Stimmungen von nationalen Tönen beherrscht. Die Politiker richteten vor diesem Hintergrund ihren Kurs an den jeweiligen Interessen ihres Landes aus. Die politischen Fronten der Kriegszeit waren weiterhin maßgebend. Wie verliefen sie?

Die **Vereinigten Staaten** hatten mit ihren militärischen Erfolgen im Jahr 1917 den Weltkrieg zugunsten der Entente entschieden. Präsident Woodrow Wilsons politisches Hauptanliegen hatte darin bestanden, neue Formen internationaler Beziehungen zu entwickeln, um den Weltfrieden dauerhaft zu sichern. Ihm war die Gründung der **„Liga der Nationen“** wichtig gewesen, um zukünftige Konflikte zu lösen und um die politische Unabhängigkeit aller großen und kleinen Länder zu garantieren. Im November 1919 unterlag der amerikanische Präsident aber innenpolitischen Gegnern, die das Land aus allen internationalen Konflikten heraushalten wollten. Im Kongress erhielt er für eine Mitgliedschaft der USA im Völkerbund keine Mehrheit. Die USA zogen sich damit zwar aus der Weltpolitik zurück, übten aber über ihr wirtschaftliches Engagement in Europa weiterhin Macht aus. Amerikanische Unternehmen kauften Fabriken und amerikanische Banken vermittelten Kredite. Für den Absatz von Waren und Kapital sahen die Amerikaner in Deutschland das „ideale Einfallstor" für den europäischen Markt.[44] Umso mehr engagierten sich amerikanische Unternehmen und Banken.

Frankreich hatte den Krieg gewonnen, trug aber schwer an den Kriegsfolgen. Im Norden und Osten des Landes hatte es große Zerstörungen erlitten. Die französische Außenpolitik war bestimmt von dem deutschen Problem, denn in Paris fürchtete man das wirtschaftliche Potenzial des Nachbarn. Daher bestanden die französischen Politiker auf einer buchstabengetreuen Erfüllung des Versailler Friedensvertrages. Sie waren darauf bedacht, Deutschland dauerhaft zu schwächen, was durch die angestrebte Kontrolle des Rhein- und Ruhrgebietes erreicht werden sollte.

Großbritannien machte nach Kriegsende noch Ansprüche als Weltmacht geltend. Die britischen Politiker waren zufrieden, dass Deutschland als Konkurrent im Welthandel und als Kolonialmacht ausgeschaltet war. Um in Ruhe die überseeischen Interessen zu verfolgen, stand ein kontinentales Gleichgewicht **(Balance of Power)** im britischen Interesse. Die britischen Diplomaten wandten sich daher gegen eine zu weitgehende Schwächung Deutschlands und standen in diesem Punkt in Opposition zu Frankreich.

Die anderen Staaten in Europa spielten machtpolitisch eine untergeordnete Rolle. Das zaristische **Russland** hatte sich in einen Sowjetstaat verwandelt. Die Sowjetführung konzentrierte sich, nachdem der Export der Revolution gescheitert war, auf den Aufbau des Sozialismus im eigenen Land. Sie erkannte aber, dass Kontakte zu den kapitalistischen Staaten notwendig waren und bemühte sich um internationale Anerkennung. Die neu geschaffenen Staaten im Osten und Südosten Europas – Tschechoslowakei, Ungarn, Polen und Jugoslawien – waren innenpolitisch noch wenig gefestigt. Sie versuchten, sich mit ihrer Außenpolitik zwischen Ost und West neu auszurichten.

Das besiegte Deutschland

Im besiegten Deutschland war die Revolution von 1918/19 nach wenigen Wochen, wie oben gezeigt wurde, in eine parlamentarische Demokratie überführt worden. Damit reihte sich das Land in die Gruppe der demokratischen Staaten ein. Überschattet wurde dieses Ereignis aber durch den Versailler

44 Axel Schildt: Die Republik von Weimar: Deutschland zwischen Kaiserreich und „Drittem Reich". Erfurt 1997, S. 55

Friedensvertrag, der am 10. Januar 1920 in Kraft trat. Wie im vorangegangenen Kapitel bereits gesagt wurde, empfand die große Mehrheit der Bevölkerung die Bestimmungen als erniedrigend. Was die deutschen Vertreter unter Zwang unterschrieben hatten, konnte innerlich nicht angenommen werden. Alle Parteien und Regierungen der Weimarer Republik waren sich in der prinzipiellen Ablehnung des Friedensvertrages einig. Sie forderten eine grundsätzliche Änderung der Bestimmungen. Demzufolge wurde die **„Revisionspolitik"** zum „einzigen einigenden gemeinsamen Nenner der deutschen Politik".[45] Über Tempo und Methoden dieser Politik hatten die Politiker unterschiedliche Vorstellungen.

Während sich die Abgeordneten in den Reichstagsdebatten über das „Diktat von Versailles" entrüsteten, analysierten die Beamten des Auswärtigen Amtes die Stellung Deutschlands in der neuen Nachkriegsordnung: Das Land hatte 13 % seiner Fläche und 10 % seiner Bevölkerung verloren. Die wirtschaftliche Kraft war geschwächt. Drohende Reparationsforderungen und eine hohe Verschuldung des Staates (144 Milliarden Mark) lähmten das wirtschaftliche Wachstum. Da die Wehrpflicht abgeschafft und die militärische Stärke auf 100 000 Mann länger dienender Soldaten beschränkt wurde, war Deutschland militärisch fast wehrlos. Deutschland war außenpolitisch also nicht wirklich souverän. Langfristig konnte vielleicht der Völkerbund die **Sicherheit** und die **Handlungsfreiheit** garantieren. Aber Deutschland war zunächst als Mitglied ausgeschlossen. Die deutsche Außenpolitik musste sich vorerst auf das Verhältnis zu den Siegermächten konzentrieren.

Reparationsprobleme

Von Beginn der Weimarer Republik an standen die Reichsregierungen vor einem Dilemma. Das lässt sich an der Frage der Reparationen zeigen. Erfüllte eine Regierung die Reparationsverpflichtungen des Reiches nicht, konnten die Siegermächte notfalls mit Truppen die Vertragserfüllung durchsetzen. Folgte sie den Reparationsauflagen, geriet sie innenpolitisch unter Druck, denn der **„Kampf gegen Versailles"** war zum politischen Grundsatz geworden.

Wie die Reparationen in der Praxis zu leisten waren, darüber herrschte zunächst überall Unklarheit. Frankreich verlangte sofortige Materiallieferungen: Kohle, Lokomotiven und Handelsschiffe. Auch Geld sollte als Wiedergutmachung gezahlt werden. Da der Versailler Vertrag keine Angaben über

45 Salewski: Deutschland, S. 189

Walther Rathenau (1867–1922).

Summe und Zahlungsart machte, bildeten die Siegerstaaten 1920 eine Reparationskommission, die in London tagte. Diese formulierte die finanziellen Forderungen an das Deutsche Reich. Sie legte die Höhe der von Deutschland zu leistenden Geldzahlungen auf 132 Milliarden Goldmark fest und erstellte einen komplizierten Zahlungsplan für die nächsten 47 Jahre. Dieser **„Londoner Zahlungsplan“** wurde der Reichsregierung zusammen mit einem auf sechs Tage befristeten Ultimatum übermittelt. Im Falle der Weigerung drohten die Alliierten Deutschland mit der militärischen Besetzung des Ruhrgebietes. Der Reichstag hatte keine andere Wahl und sprach sich am 11. Mai 1921 für die Annahme des „Londoner Zahlungsplans“ aus.

Reichskanzler Joseph Wirth und Außenminister Walter Rathenau versuchten die Änderung des Zahlungsplans mithilfe einer Strategie zu erreichen. Man wollte Bereitschaft zur Erfüllung der Forderungen zeigen, die Realität sollte jedoch beweisen, dass derart hohe Forderungen praktisch nicht zu erfüllen waren. So wollten die beiden Politiker eine Revision der Reparationshöhe herbeiführen. Der Plan wurde von den innenpolitischen Gegnern nicht erkannt und als **„Erfüllungspolitik“** kritisiert.

Walter Rathenau musste mit seinem Leben bezahlen. Er wurde auf dem Weg ins Auswärtige Amt am 24. Juni 1922 von jungen Nationalisten ermordet.

Der Vertrag von Rapallo

Im Rahmen der von Walter Rathenau betriebenen Außenpolitik stand auch der Gedanke, wirtschaftliche und politische Beziehungen zur Sowjetunion aufzunehmen. Besonders die Vertreter der Industrie sahen eine Möglichkeit, ihre Produkte in die Sowjetunion zu verkaufen. An einer internationalen Wirtschaftskonferenz, die vom 10. April bis 19. Mai 1922 in Genua stattfand, wurde auch eine deutsche Delegation unter der Leitung von Reichskanzler Wirth zugelassen. Die sowjetische Delegation unter Führung des Außenkommissars Tschitscherin hoffte auf die Beteiligung der westlichen Industriemächte am Aufbau seines Landes, aber die Verhandlungen scheiterten. Nach diesem Ergebnis lag sowohl der sowjetischen als auch der deutschen Delegation daran, zu einem Abschluss zu kommen. In Rapallo, einem Badeort am

Golf von Genua, unterzeichneten am 16. April 1922 beide Seiten einen Vertrag, in dem sie gegenseitig auf die Erstattung von Kriegskosten verzichteten. Ferner wurden ein Handelsabkommen auf der Grundlage der Meistbegünstigung[46] und die Aufnahme diplomatischer Beziehungen vereinbart.

Den **Vertrag von Rapallo** nahm die Weltöffentlichkeit als Sensation auf. Zum ersten Mal nach dem Weltkrieg wagte Deutschland einen selbständigen außenpolitischen Schritt. Die Reichswehrführung unter General von Seeckt knüpfte weit gespannte Erwartungen an den Vertrag. Sie hoffte, die Bestimmungen des Versailler Vertrages auf Kosten Polens zu „revidieren". In General von Seeckts Denkschrift zur außenpolitischen Lage heißt es: „Die Wiederherstellung der Grenze zwischen Russland und Deutschland ist die Voraussetzung beiderseitiger Erstarkung"[4747]. Solche Töne nährten im Ausland Spekulationen über eine Orientierung deutscher Außenpolitik in Richtung Osten.

Die heutigen Historiker interpretieren den Rapallo-Vertrag nicht als deutsch-sowjetische „Verschwörung" gegen den Westen, sondern als einen erfolgreichen Versuch, die **außenpolitische Isolierung** zu durchbrechen. Der Historiker Michael Salewski ist der Auffassung, bei Vertragsabschluss habe die deutsche Delegation die Beziehungen zu den Westmächten im Auge gehabt: „Rapallo war der Auftakt zu einer deutschen Außenpolitik, die ein deutliches Signal nach Westen richtet: Wir können auch anders."[48]

Ruhrbesetzung

Im Dezember 1922 stellte die alliierte Reparationskommission einen geringen Rückstand bei den Kohle- und Holzlieferungen fest. Dies wurde von den Vertretern Frankreichs und Belgiens als Bruch der Reparationsverpflichtungen gewertet. Damit hatte der französische Ministerpräsident einen Vorwand, um die Kontrolle über das industrielle Zentrum Deutschlands, das Ruhrgebiet, zu übernehmen. Französische Techniker und Ingenieure bekamen den Auftrag, Bergwerke und Industriebetriebe zu kontrollieren. Zu ihrem Schutz marschierten am 11. Januar 1923 100 000 französische und belgische Soldaten in das Ruhrgebiet ein.

46 Meistbegünstigung: wichtige Klausel der internationalen Handelsvertragspolitik, die besagt, dass die Vertragspartner einander alle Vorteile gewähren, die sie gleichzeitig oder später dritten Ländern einräumen.

47 General v. Seeckt zur außenpolitischen Lage am 11. 9. 1922. Zit. n. Michalka, Niedhart (Hrsg.): Deutsche Geschichte 1928–1933, S. 96

48 Salewski: Deutschland, S. 198

Die Reichsregierung, geführt von dem parteilosen Reichskanzler Wilhelm Cuno, antwortete mit der Einstellung aller Reparationslieferungen und rief gemeinsam mit Parteien und Gewerkschaften die Bevölkerung zum **„passiven Widerstand“** gegen die Besetzer auf. Der **„Ruhrkampf“** begann. Die deutsche Bevölkerung streikte; alle staatlichen Stellen verweigerten den Besatzungstruppen Hilfe. Die französische Besatzungsmacht verhaftete Bürgermeister und beschlagnahmte geförderte Kohle. Die Zustände im Ruhrgebiet wurden immer unerträglicher; der passive Widerstand schadete der deutschen Wirtschaft. Die Versorgung der Menschen brauchte die staatlichen Gelder auf. Der Staat behalf sich mit dem Druck von Papiergeld und Deutschland trat in eine Periode der **Hochinflation** ein. Am 1. Januar 1923 hatte ein Dollar 7 260 Reichsmark gekostet, am 18. April kostete er rund 20 000 Reichsmark und am 26. September 240 Millionen. Die Währung funktionierte nicht mehr und jedermann versuchte, Bargeld in **Sachwerte** umzutauschen. Der Reichsregierung unter Reichskanzler Cuno gelang es nicht, einen Ausweg aus der Krise zu finden. Sie trat im August 1923 zurück.

Cunos Nachfolger als Reichskanzler war Gustav Stresemann. Seine Regierung ging aus einer Großen Koalition aus SPD, DDP, Zentrum und DVP hervor. Stresemann war entschlossen, das ungelöste Reparationsproblem am Verhandlungstisch zu regeln. Er wollte auf **diplomatischem Weg** Verbesserungen des Versailler Vertrages erreichen. Am 26. September 1923 brach er den passiven Widerstand ab und nahm die Reparationszahlungen an Frankreich und Belgien wieder auf. Um die Reparationsfrage langfristig zu lösen und um die deutsche Wirtschaft zu stabilisieren, ließ Stresemann im November 1923 durch Finanzminister Hans Luther und Währungskommissar Hjalmar Schacht eine **Währungsreform** durchführen. Am 16. November begann die Ausgabe neuer Reichsbanknoten. Der Kurs der Papiermark wurde auf den Wert von 4,2 Millionen Papiermark für einen Dollar festgelegt. Eine Billion Papiermark entsprach einer **Rentenmark.** Ein Problem war die Deckung der neuen Währung. Da das Reich nicht genügend Goldvorräte besaß und man ausländisches Kapital nicht in Anspruch nehmen wollte, wurden der ganze Grundbesitz, Industriebetriebe und Banken mit einer Hypothek (Grundschuld) belastet. Entscheidend für den Erfolg der Währungsreform waren zwei Dinge. Zum einen übernahm die neu geschaffene Rentenbank die Kontrolle über das neue Zahlungsmittel und legte die Geldnotenpresse still. Zum anderen gewann der Bürger wieder Vertrauen in das Geld; durch seine überschaubaren Zahlen hatte es wieder einen Wert erhalten. Die **Stabilisierung der Währung** war geglückt. 1924 wurde die Rentenmark durch die **Reichsmark** abgelöst, die durch Gold gedeckt war.

Verlierer der Inflation waren Rentner und die arbeitende Bevölkerung, da die Löhne den Preisen hinterherhinkten. Arbeiter und Angestellte arbeiteten für immer weniger Lohn. Zu den Gewinnern zählten Industrielle, Landwirte und Hausbesitzer. Sie konnten Schulden mit wertlosem Geld zurückzahlen und damit Sachwerte, d. h. neue Grundstücke, Firmen oder Schmuck kaufen.

Die Weimarer Republik im internationalen System.

Der Dawes-Plan

Großbritannien und die USA hatten inzwischen erkannt, dass nur eine gesunde deutsche Wirtschaft Reparationen zahlen konnte. Mit dem Ende des Ruhrkampfes und der Stabilisierung der Währung waren die Voraussetzungen für eine grundlegende **Neuregelung der Reparationen** geschaffen. Die USA als führende Wirtschaftsmacht ergriffen dazu die Initiative. Eine internationale Sachverständigenkommission unter der Leitung des amerikanischen Finanzexperten Charles G. Dawes überprüfte die Leistungsfähigkeit der deutschen Wirtschaft und legte im April 1924 einen Plan vor, der Aussagen über Höhe, Zusammensetzung und Sicherung der Zahlungen Deutschlands für die nächsten fünf Jahre machte. Im ersten Jahr sollte die Jahresrate 1 Milliarde Mark betragen und bis 1928 auf 2,5 Milliarden Mark steigen. Als **„Reparationsagent“** sollte der Amerikaner Parker Gilbert die Reichsfinanzen überwachen. Diese Kontrolle der Finanzen bedeutete eine Einschränkung der Souveränität. Für die Opposition von rechts (DNVP und NSDAP) sowie von links (KPD) war es daher einfach, den Dawes-Plan zum beherrschenden politischen Thema im laufenden Reichstagswahlkampf zu machen. Eine Parole, mit der die DNVP die Menschen zu erreichen versuchte, lautete „Gegen ein neues Versailles“. Der Ausgang der Wahlen im Mai 1924 war günstig für die Parteien, die den Dawes-Plan ablehnten und es war nun fraglich, ob der Plan die erforderliche Zweidrittelmehrheit des Reichstages erhalten würde. Die Fraktion des DNVP sah sich jedoch unerwartet massivem Druck aus Kreisen der Industrie ausgesetzt, die die wirtschaftlichen Vorteile des Planes nutzen wollten. Diese bestanden in Auslandsanleihen und in aussichtsreicheren Absatzmöglichkeiten im Ausland. Ende August wurde der Dawes-Plan mit den Stimmen der DNVP angenommen und trat am 1. September in Kraft.

Damit war die Reparationsfrage vorerst gelöst. Gleichzeitig war der Weg für Investitionen in die deutsche Wirtschaft frei. Das Vertrauen ausländischer Geldgeber kehrte zurück und Kapital floss nach Deutschland. Bis 1929 kamen über 20 Milliarden Mark an ausländischen Krediten, vor allem aus den USA, in das Land. Deutschland erlebte nach dem Inkrafttreten des Dawes-Plans einen wirtschaftlichen **Aufschwung,** der sich in steigenden Löhnen und sinkenden Arbeitslosenzahlen ablesen lässt.

Die Ära Stresemann

Gustav Stresemann (1878–1929).

Die zweite Phase der Weimarer Außenpolitik ist eng mit Gustav Stresemann verbunden. Er war im Jahr 1923 nur wenige Monate Reichskanzler, leitete aber bis zu seinem Tod am 3. Oktober 1929 das Auswärtige Amt. Da er in dieser Zeitspanne die deutsche Außenpolitik maßgeblich prägte, sprechen Historiker von der „Ära Stresemann".

Die Forschung hat sich mit den Widersprüchen in Persönlichkeit und Politik dieses Mannes auseinandergesetzt. Hagen Schulze sieht ihn als einen nationalen Machtpolitiker: „Stresemanns Außenpolitik lag ein geschlossener Plan zugrunde, der die Revision von Versailles und die Rückkehr zu einem Konzept der Mächte mit deutscher Vormachtstellung in Europa zum Ziel hatte".[49] Michael Salewski beschreibt ihn dagegen eher als aufrichtigen Politiker, dem es um Verständigung ging, wenn er anmerkt: „Die große historische Leistung Stresemanns [...] bestand in dem geglückten Versuch, auf der Basis der in Europa wieder einziehenden ökonomischen Vernunft die Elemente für eine neue europäische Sicherheitspolitik zusammenzutragen."[50]

Der Vertrag von Locarno

Nachdem 1922 in Rapallo ein erster Schritt unternommen worden war, die politische Isolierung Deutschlands zu durchbrechen, strebte Außenminister Stresemann nach 1923 normale Beziehungen mit Frankreich an. Ihm war klar, dass die Rückkehr Deutschlands als **gleichberechtigter Partner** in den Kreis der europäischen Mächte nur durch einen Ausgleich mit Frankreich zu erreichen war. Die außenpolitische Lage war günstig. In Großbritannien kamen 1925 mit Austen Chamberlain und in Frankreich mit Aristide Briand neue Politiker an die Macht. Die Deutschen akzeptierten das französische Sicherheitsbedürfnis und die alliierte Seite verstand allmählich den deutschen Wunsch nach Gleichberechtigung.

49 Hagen Schulze: Kleine deutsche Geschichte. München 1996, S. 175
50 Salewski: Deutschland, S. 203

Nach einem Notenwechsel zwischen Paris und Berlin zeichnete sich im Sommer 1925 ein **„Sicherheitspakt"** ab, in dem Deutschland die Gebietsverluste anerkennen würde. Der Abschluss verzögerte sich jedoch, weil Frankreich forderte, das Deutsche Reich müsse gleichzeitig auch seine Ostgrenzen bestätigen. Im Oktober 1925 trafen sich die Außenminister in Locarno und unterzeichneten eine Reihe von Verträgen. In einem der Verträge verzichteten Deutschland, Frankreich und Belgien auf eine gewaltsame Veränderung ihrer gemeinsamen Grenzen. Großbritannien und Italien traten dem Abkommen als **Garantiemächte** bei. Schiedsverträge[51] Deutschlands mit Polen und der Tschechoslowakei und Beistandspakte Frankreichs mit den beiden Staaten ergänzten das Vertragswerk.

Mit dem Vertrag von Locarno verzichtete Deutschland einerseits auf Elsass-Lothringen, andererseits wurde die Zugehörigkeit des Rheinlandes zum Reich vertraglich gesichert. Der Vertrag beruhigte Frankreich und bannte das Risiko einer Verständigung zwischen Frankreich und der Sowjetunion auf Kosten Deutschlands. Ein **„Ostlocarno"**, d. h. die Anerkennung der Grenzen zu Polen und der Tschechoslowakei, vermied Stresemann. Die Möglichkeit einer friedlichen „Revision" der Ostgrenzen blieb also bestehen. Als Ausgleich für die Verständigung mit dem Westen unterzeichneten Stresemann und sein russischer Kollege Tschitscherin am 24. April 1926 in Berlin einen **deutsch-russischen Freundschaftspakt**, in dem Deutschland der Sowjetunion im Falle eines Krieges Neutralität zusicherte.

Der Sitzungssaal der Konferenz von Locarno.

51 Schiedsvertrag: Ein Schiedsvertrag ist Teil der internationalen Schiedsgerichtsbarkeit. Streitigkeiten zwischen Staaten werden aufgrund eines Schiedsvertrages durch von beiden Parteien berufene Richter in einem besonderen Verfahren erledigt.

Der britische Botschafter in Berlin, Lord d'Abernon, schrieb im November 1925 über die Bedeutung des Locarno-Vertrages: „Der erste und wichtigste Gewinn liegt darin, dass Locarno die Kriegsentente gegen Deutschland beendet. Er bringt Deutschland in das europäische Konsortium der Westmächte und räumt mit der alten diplomatischen Auffassung der Lage auf, die Deutschland als ‚den bösen Friedensstörer', ‚den Exponenten des aggressiven Militarismus' und den ‚tollen Hund Europas' betrachtete."[52]

Der Eintritt in den Völkerbund

Der „Geist von Locarno" verbesserte die politische Atmosphäre in Europa. Zwei Ergebnisse von Stresemanns **Realpolitik** zeigten sich:

- Im November 1924 begannen die Franzosen, ihre Truppen aus dem Ruhrgebiet abzuziehen.
- Die in Locarno verabredete Aufnahme Deutschlands in den Völkerbund

Die letzte Rede Stresemanns in der Völkerbundsversammlung am 9. September 1929.

Deutschland bestand auf einem ständigen Sitz im **Rat**, weil darin äußerlich die Gleichberechtigung mit den anderen Großmächten zum Ausdruck kommen sollte. Nach einigen Schwierigkeiten war der Weg für den deutschen Beitritt frei. Am 9. September 1926 wurde Stresemann mit der deutschen Delegation in Genf in den Völkerbundsaal gerufen und mit großem Beifall begrüßt.

52 Der britische Botschafter in Berlin, Lord d'Abernon, am 18. 11. 1925. Zit. n. Michalka, Niedhart (Hrsg.): Deutsche Geschichte 1928–1933, S. 109/110

In seiner Rede beschwor er die friedliche Zusammenarbeit der Völker. Erst heute lässt sich die zukunftsweisende Dimension seiner Worte erkennen, als er die Vertreter der Staaten abschließend fragte: „Ist es nicht grotesk, daß Sie aufgrund neuer praktischer Errungenschaften die Entfernung von Süddeutschland nach Tokio um 20 Tage verkürzt haben, sich aber in Europa selbst stundenlang mit der Lokomotive irgendwo aufhalten lassen müssen, weil eine neue Grenze kommt, eine neue Zollrevision stattfindet, als wenn das Ganze ein Kleinkrämergeschäft wäre, das wir in Europa innerhalb der gesamten Weltwirtschaft noch führen dürfen? [...] Wo bleibt in Europa die europäische Münze, die europäische Briefmarke?“[53]

Der Young-Plan

Im Verlauf des Jahres 1928 verschlechterte sich die wirtschaftliche Lage und Deutschland konnte die im Dawes-Plan festgelegten Reparationszahlungen nicht mehr aufbringen. Eine Kommission, zu der auch der deutsche Reichsbankpräsident Hjalmar Schacht gehörte, überprüfte 1929 unter der Leitung des amerikanischen Bankiers Owen Young die Jahreszahlungen und entwickelte einen neuen **Reparationsplan**. Er setzte die Jahresrate auf 2 Milliarden Mark fest und bestimmte erstmals eine zeitliche Grenze. Die Zahlungen sollten 1988 beendet sein. Im Vergleich zum Dawes-Plan bedeutete der neue Plan eine deutliche Erleichterung. Er brachte auch das Ende der internationalen Kontrollen der deutschen Wirtschaft. Nahm Deutschland den Plan an, waren die Alliierten auch bereit, das ganze Rheinland zu räumen.

In Deutschland wurde der Young-Plan nicht als Erfolg anerkannt. Die DNVP unter ihrem Vorsitzenden Alfred Hugenberg, der Führer des „Wehrverbandes Stahlhelm“ Franz Seldte und die noch weitgehend unbekannte NSDAP mit Adolf Hitler starteten eine aggressive Kampagne gegen das „Joch der Young-Sklaverei“ und forderten einen Volksentscheid. Die Weimarer Verfassung sah diesen in Artikel 73 vor. Der so zustande gekommene Volksentscheid vom 22. Dezember 1929 brachte ein dürftiges Ergebnis. Nur 13,8 % der Wahlberechtigten sprachen sich gegen den Young-Plan aus. Der Reichstag ratifizierte ihn daraufhin im März 1930 und nachdem auch der Reichsrat

zugestimmt hatte, setzte Reichspräsident von Hindenburg seine Unterschrift darunter. Damit war der Weg für die vollständige **Räumung des Rheinlandes** frei. Reichspräsident Hindenburg und Reichskanzler Brüning

53 Stresemann vor dem Völkerbund am 9. 9. 1929. Zit. n. Michalka, Niedhart (Hrsg.): Deutsche Geschichte 1918–1933, S. 144

Salutierende deutsche Polizeibeamte am 1. Juli 1930 gegenüber dem deutschen Eck in Koblenz beim Hissen der Reichsflagge.

feierten auf der Feste Ehrenbreitstein bei Koblenz die Befreiung des Rheinlandes mit einem Festakt. Deutschland hatte nun elf Jahre nach Versailles wieder ein Stück **Souveränität** gewonnen.

Die Außenpolitik nach 1930

Das Jahr 1929 brachte für die deutsche Außenpolitik neue Bedingungen. Die „Ära Stresemann" endete mit dem Tod des Politikers am 3. Oktober 1929. Drei Wochen später löste der **„Schwarze Freitag"** an der New Yorker Börse die Weltwirtschaftskrise aus. In Deutschland waren die wirtschaftlichen und sozialen Folgen unmittelbar spürbar. Die industrielle Produktion brach ein und die Arbeitslosigkeit schnellte auf 16 % hoch. In dieser Krisenzeit regierte in Berlin der von Reichspräsident von Hindenburg zum Reichskanzler ernannte Zentrumspolitiker Heinrich Brüning. In seinem Kabinett bestimmten Kritiker der Locarno-Politik die deutsche Außenpolitik. Nachfolger Stresemanns im Amt des Außenministers wurde Julius Curtius. Er und sein Staatssekretär Bernhard von Bülow lehnten die vorsichtige **Verständigungspolitik** Stresemanns ab und betonten die Ansprüche Deutschlands: „Die Ziele deutscher Außenpolitik werden in erster Linie durch den Versailler Vertrag bestimmt. Seine Revision, die vitalste Aufgabe Deutschlands, beansprucht den

Einladung zu einer Protestversammlung gegen den Young-Plan. Die Opposition warb um Stimmen für einen Volksentscheid.

größten Teil der verfügbaren Energien."[54] Nach der Räumung des Rheinlandes durch französische Truppen schien ihnen die Revision der Ostgrenzen leichter erreichbar.

Die Regierung Brüning richtete ihre Aufmerksamkeit auf die Staaten Mittel- und Südosteuropas. Die ost- und südosteuropäischen Staaten – Tschechoslowakei, Jugoslawien und Ungarn – spürten die Auswirkungen der Weltwirtschaftskrise und suchten nach Absatzmärkten für ihre Waren. Durch den Abschluss von Handelsverträgen versuchte Deutschland, seine wirtschaftliche und politische Machtstellung in dem ganzen Raum auszubauen. Das neue Denken macht ein Brief von Bülows an den deutschen Gesandten in Prag deutlich: „Wenn es uns gelingt, die Tschechoslowakei an unserem Wirtschaftsblock anzugliedern, und wenn wir mit den Randstaaten nähere wirtschaftliche Beziehungen geschaffen haben werden, dann ist Polen mit seinem wenig gefestigten Wirtschaftskörper eingekreist und allerhand Gefährdungen ausgesetzt."[55] Die deutsche Außenpolitik vertrat damit offensiv den Anspruch auf Revision des Versailler Vertrages und zielte bewusst auf den Gewinn einer Machtstellung in Mitteleuropa.

54 Bernhard von Bülow über „Die außenpolitische Lage Deutschlands" am 13. 3. 1933. Zit. n. Wolfgang Michalka u. Gottfried Niedhart (Hrsg.): Die ungeliebte Republik: Dokumente zur Innen- und Außenpolitik Weimars 1918–1933. München 1990, S. 257

55 Bernhard von Bülow an den Gesandten in Prag am 15. 4. 1931. Zit. n. Michalka, Niedhart (Hrsg.): Die ungeliebte Republik, S. 246

Die Kultur der zwanziger Jahre (1924–1929)

Chronologie	
1919	Walter Gropius gründet in Weimar das Staatliche Bauhaus
1921	Nobelpreis für Physik an Albert Einstein
1922	Premiere zweier Filmklassiker: „Nosferatu – eine Symphonie des Grauens“ (Friedrich Murnau) und „Dr. Mabuse der Spieler“ (Fritz Lang)
1923	Erste Radiosendung in Deutschland
1924	Erster Direktflug eines Zeppelins nach Amerika
1927	Stummfilmepos „Metropolis“ (Fritz Lang) in Berlin uraufgeführt Fertigstellung der Weißenhofsiedlung in Stuttgart (Bauhaus-Architekt Mies van der Rohe)
1928	Erprobung des ersten Raketenautos durch Fritz von Opel (228 km/h) Uraufführung der „Dreigroschenoper“ (Oper von Kurt Weill, Text von Bertolt Brecht)
1929	Verleihung des Nobelpreises für Literatur an Thomas Mann
1930	Aufführung des Films „Der blaue Engel“ (Joseph von Sternberg) mit Marlene Dietrich und Emil Jannings in den Hauptrollen

Die mittlere Phase der Weimarer Republik

Was in den Vereinigten Staaten von Amerika die **„Roaring Twenties“** waren, waren in Deutschland die **„goldenen“** oder **„wilden Zwanziger“**. Gemeint sind die mittleren Jahre der Weimarer Republik zwischen der Inflationszeit (1923) und der Weltwirtschaftskrise (1929). Nach unruhigen Anfangsjahren des jungen Staates stellen diese Jahre eine Phase relativer Stabilität dar. Deutschland erlebte eine wirtschaftliche und politische Beruhigung. Nachdem Reichskanzler Gustav Stresemann im November 1923 die Inflation mit einer Währungsreform gestoppt hatte, erholte sich die Wirtschaft. Der Reichstag konnte eine volle Legislaturperiode hindurch ungestört arbeiten. Stresemann gehörte bis zu seinem Tod im Jahre 1929 allen Regierungen als Außenminister an und gewährleistete, wie gezeigt wurde, eine kontinuierliche Außenpolitik. Die Wiederherstellung normaler Beziehungen zu Frankreich im Oktober 1925 (Vertrag von Locarno) schuf die Grundlage für die Aussöhnung der ehemaligen Kriegsgegner. Nach Krieg, Hungersnot, Inflation und politischen Unruhen konnten die Menschen aufatmen. Ein neues **Lebensgefühl** gewann Raum.

Eine große Faszination ging von der Technik aus. Das Land erlebte in den zwanziger Jahren bedeutende technische Leistungen. Zeppelinflüge über den Atlantik, die ersten Rundfunkgeräte, die Verbreitung von Telefonen und Motorrädern begeisterten die Menschen. Opel baute ein Raketenauto und der deutsche Passagierdampfer „Bremen" gewann auf seiner Jungfernfahrt über den Atlantik das „Blaue Band". Ein Schnellzug konnte Berlin von Hamburg aus in weniger als zwei Stunden erreichen. Das Leben in der Großstadt erforderte ein neues „Tempo".

Die Kultur von Weimar

In Rückblicken auf die zwanziger Jahre ist der Blick meist weniger auf die politischen, wirtschaftlichen oder technischen Entwicklungen gerichtet als auf die kulturellen. Ein Zeitzeuge schreibt über seine Jugend in der Millionenstadt Berlin: „Und dieses Berlin […] ist dann doch die Stadt gewesen, in der ein so erstaunliches Produkt wie die ‚Kultur von Weimar' entstehen konnte. […] In den Galerien stand man vor Klee und Picasso und lernte zu sehen. In Berlin spielte man Hamlet im Frack und Falstaff im Smoking, mit Monokel, und Karl Moor erschien in den Räubern mit Stahlhelm und Handgranate. Im Radio gab man die Heilige Johanna der Schlachthöfe von Brecht, und bei Freunden in Hamburg sah ich die ersten Stahlrohrmöbel aus der Bauhausschule und war wie behext."[56]

Was ist die **„Kultur von Weimar"**? Die zwanziger Jahre waren nicht nur in Deutschland – aber gerade dort künstlerisch und geistig sehr produktive Jahre. Unter dem Begriff „Kultur von Weimar" werden die Leistungen dieser Zeit zusammengefasst.[57] Die „Moderne" beherrschte die Kulturszene in Deutschland. Museen kauften Gemälde moderner Malerei. „Zeitgemäß" waren Bauhausmöbel und gegenwartsbezogenes Theater. Architekten des „Neuen Bauens" erhielten Aufträge für neue Wohnanlagen. Die großen Orchester spielten „moderne" Musik und expressionistische Filme füllten die Kinos. Zeitkritisches erschien auf den Feuilletonseiten der Zeitungen.

56 Hans Egon Holthusen: „… Joe, mach die Musik von damals nach". In: Rudolf Pörtner (Hrsg.): Mein Elternhaus: Ein deutsches Familienalbum. München 1986, S. 350 u. 361

57 Kulturwissenschaftler weisen darauf hin, dass es in Deutschland „zwei Kulturen" gab. Neben der Moderne existierte die volkstümliche Kultur mit traditionellen Formen. Ihre Vertreter kamen der Sehnsucht eines großen Teils der Bevölkerung nach Idylle und Harmonie entgegen. Mit dem „Heimatstil" entsprachen sie durchaus dem Kunstgeschmack vieler Menschen. Beide Stilrichtungen standen sich fremd gegenüber und bekämpften sich zu Beginn der dreißiger Jahre. Vgl. Kolb: Die Weimarer Republik, S. 93

Die Wurzeln der „Kultur von Weimar“ liegen in der Zeit vor dem Ersten Weltkrieg. Zu Beginn des Jahrhunderts bereits suchten Maler, Schriftsteller, Komponisten und Architekten nach neuen künstlerischen Stilmitteln und Ausdrucksformen. Die Kunstrichtung des **Expressionismus** hatte bereits die Ängste vor den Kräften der Moderne aufgedeckt. Die Weimarer Republik gewährte den Künstlern eine neue Freiheit und ermöglichte ein uneingeschränktes Experimentieren. Sie entwickelten den Expressionismus weiter. Nüchtern und möglichst objektiv wollten die Künstler jetzt die Welt beschreiben. Der Architekt Walter Gropius drückte die künstlerische Auffassung dieser Zeit so aus: „Rein, kühl und abstrakt, mit Gerechtigkeit erwogen, durch Vernunft erhellt.“ Um die neue Stilrichtung zu kennzeichnen, wurde der Begriff der **„Neuen Sachlichkeit“** geprägt.

Theater, Literatur, Film, Musik und Malerei

Die „Kultur von Weimar“ bietet ein vielfältiges Bild. Ruhm genossen die Theater, vor allem in Berlin. „Klassiker“ wie Shakespeare oder Schiller gehörten zu ihrem Repertoire. Neu war, dass Regisseure, wie **Max Reinhardt** oder **Erwin Piscator,** diese Stücke „zeitgemäß“ inszenierten. Expressionistische Stücke von **Georg Kaiser** oder **Ernst Toller** galten als fortschrittlich, da sie soziale Anklage gegen die Überwältigung des Menschen durch die Technik erhoben. Neue Wege beschritt **Bert Brecht** mit seinem epischen Theater. 1928 trat er mit der Geschichte von Mackie Messer in der „Dreigroschenoper“ seinen Siegeszug über alle Bühnen an.

Szenenfoto aus dem Film „Der blaue Engel“ mit Emil Jannings und Marlene Dietrich.

Auch die Prosaliteratur bezog sich auf die politische Gegenwart. **Alfred Döblin** betrat mit der Collagetechnik in seinem Roman „Berlin-Alexanderplatz“ (1929) neue Wege. **Erich Maria Remarque** erreichte mit seinem Antikriegsroman „Im Westen nichts Neues“ (1929) mit einer Millionenauflage einen großen Erfolg.

Das neue Medium Film erlebte seine ersten großen Erfolge. In Deutschland wurde eine Reihe von Filmen produziert, die mit neuen Techniken weit über die Grenzen hinaus wirkten. Im Stil der „Neuen Sachlichkeit" waren die Filme, die **Georg Wilhelm Pabst** international berühmt machten. Der Regisseur **Fritz Lang** inszenierte den utopischen Stummfilm **„Metropolis"** im Jahre 1927. Nur drei Jahre später leitete **„Der blaue Engel"** mit **Emil Jannings** und **Marlene Dietrich** in den Hauptrollen den Übergang vom Stummfilm zum Tonfilm ein.

In der Musik entwickelte **Arnold Schönberg** in diesen Jahren Kammermusik mit zwölf Halbtönen. Er löste sich damit völlig von der vorherrschenden romantischen Musiktradition. Sein Schüler **Alban Berg** verwendete die Zwölftontechnik in seiner Oper „Wozzeck", die 1925 Premiere hatte.

Auch in der Malerei waren die Künstler auf der Suche nach einem neuen Stil. Die Maler der „Neuen Sachlichkeit" versuchten, alltägliche Szenen auf präzise und scheinbar unbeteiligte Art wiederzugeben. Das großstädtische Leben faszinierte sie. In seinem Großstadt-Triptychon stellte **Otto Dix** das Nebeneinander einer Luxusgesellschaft und eines Bettlers und Kriegskrüppels in den Nebenstraßen dar. Mit seinen Zeichnungen von Kriegsverletzten wollte **Georg Grosz** Anklage erheben.

Das „neue Bauen"

Die „neue Sachlichkeit" entfaltete sich besonders deutlich in der Architektur. Das beruhte vor allem auf den gestalterischen Ideen des von **Walter Gropius** 1919 in Weimar gegründeten „Bauhauses". Gropius strebte die enge Zusammenarbeit der verschiedenen bildenden Künste an. Er sah keinen Unterschied

Das von Walter Gropius gebaute „Bauhaus" in Dessau (1925).

zwischen dem Künstler und dem Handwerker. Sein Ziel war es, Maler, Bildhauer, Grafiker und Designer zusammen in einer Schule unter der Leitung eines Architekten auszubilden.

In Dessau, wohin das **„Bauhaus“** 1925 gezogen war, errichtete Gropius ein Lehr- und Werkstattgebäude, das den Ansprüchen an Lichtreichtum und Einfachheit entsprach. Die Anlage bestand aus ineinandergreifenden unterschiedlichen Baukörpern. Seine kubischen Formen, flachen Dächer und verglasten Fassaden waren prägend. Weitere Merkmale des „neuen Bauens“ waren eine formale Schlichtheit, die Verwendung neuer Materialien, wie Stahl, Glas und Beton und neue Konstruktionstechniken.

Die dringlichste Aufgabe für die Architekten der zwanziger Jahre lag im Wohnungsbau, denn nach Krieg und Inflation herrschte in Deutschland eine große Wohnungsnot. In Magdeburg beispielsweise beherbergten 46% der Einzimmerwohnungen mehr als sechs Personen.[58]

Mit der Anlage von Wohnblocks und Großsiedlungen wurden vor allem Architekten und Stadtplaner des „neuen Bauens“ beauftragt. In Berlin waren es **Bruno Taut** und der Stadtbaurat **Martin Wagner** unter deren Leitung die Hufeisensiedlung in Britz entstand. In Frankfurt am Main errichtete der Leiter des Hochbauamtes **Ernst May** die Trabantensiedlung Praunheim und in Hamburg erstellte **Fritz Schumacher** die Bebauungspläne für die Jarrestadt.

Diese Architekten legten besonderen Wert darauf, dass die Siedlungen architektonisch gestaltet wurden. Straßenführung und die Art der Bebauung führten zu einem einheitlichen Erscheinungsbild. Gartenhöfe und Durchgänge im Erdgeschoss durchbrachen jedoch die einheitlichen Fronten.

Großwohnanlage „Jarrestadt“ in Hamburg von Fritz Schumacher (1926–1931).

58 Schulze: Weimar, S. 50

Die Wohnblocks wurden um große Innenhöfe angeordnet, was die gute Belüftung auch kleiner Wohnungen erlaubte. Ladenbauten im Erdgeschoss, Gemeinschaftsräume und Wäschereien gehörten ebenso dazu wie Parks, Grünflächen und Kinderspielplätze.

Durch eine planmäßige staatliche Förderung des Wohnungsbaus gelang es in den zwanziger Jahren, die Wohnungsnot zu lindern und die Wohnqualität erheblich zu steigern. Zwischen 1919 und 1932 entstanden in Deutschland 2,8 Millionen Wohnungen, von denen 81 % mit öffentlichen Mitteln finanziert wurden.[59] Der Wohnungsbau der Weimarer Republik, so das Urteil eines Historikers, zeigte „weithin sichtbare und über Deutschlands Grenzen hinaus als vorbildlich betrachtete Ergebnisse.“[60]

Berlin als Kulturmetropole

Der in den USA gekaufte „Verkehrsturm“ regelte den Verkehr auf dem Potsdamer Platz.

Die „Kultur von Weimar“ war großstädtisch, mit Berlin als Zentrum. Die Reichshauptstadt war hinter London und New York mit 4 Millionen Einwohnern die drittgrößte Stadt der Welt. Sie war Zentrum des Pressewesens, des Films und der Mode. Die großen Verlage hatten hier ihren Sitz. 147 Tageszeitungen erschienen in der Stadt. Der Kinobesuch wurde zu einem der beliebtesten Vergnügungen der Berliner; allein 1924 wurden 40 Millionen Kinokarten verkauft.[61] Museen und Konzertsäle zogen Künstler und ihre Bewunderer an, und es war möglich, an einem Abend vier verschiedene Opernaufführungen zu besuchen.

59 Kolb: Die Weimarer Republik, S. 100
60 Kolb: Die Weimarer Republik, S. 100
61 Kolb: Die Weimarer Republik, S. 102/103

Plakat eines Textilunternehmens; Berlin 1929.

Eine Seite aus einem Modeheft von 1929.

Auch auf Berlins Straßen ließen sich der Wandel in Lebensgefühl und Lebensstil beobachten. Auf den großen Plätzen der Stadt nahm der Autoverkehr immer mehr zu, sodass die Behörden 1924 am Potsdamer Platz den ersten „Verkehrsampelturm" errichteten.

Zeitgemäß war auch das neue Erscheinungsbild der Frau. Die schick gekleidete Berlinerin wurde zu einem Begriff. Sie war jung, selbstbewusst, berufstätig und hielt die Zigarette lässig in der Hand. Der „Knabentyp" wurde das **Frauenideal** jener Jahre. Bubikopffrisur und Kosmetik schufen ein neues Frauengesicht nach Vorbildern aus der Welt des Films. Modezeichnungen in Illustrierten zeigten die neuen Kleider. Die Röcke wurden kürzer; Seidenstrümpfe kamen auf. In der Herrenmode gaben Stars wie Richard Tauber oder Hans Albers den Ton an. Mitte der zwanziger Jahre trug der Herr einen leger geschnittenen Sakkoanzug. Hemden mit angenähtem halbsteifem Kragen kamen auf den Markt. Ein Plakat für ein Berliner Textilunternehmen warb für „Fertigkleidung" als „Weg zum Erfolg". Angesprochen wurde damit die wachsende Schicht der Angestellten.

Beurteilung

Die Entfaltung von Kunst und Kultur in den zwanziger Jahren beeindruckte sowohl manchen Zeitgenossen als auch die Nachwelt. In Erinnerungen wird oft mit Blick auf die künstlerischen Leistungen jener Jahre der Glanz der „goldenen" Zwanziger beschworen. Der Journalist Curt Ries weist allerdings auf die legendären Züge der zwanziger Jahre hin: „Doch ‚golden' waren diese Zwanziger nicht. Der Begriff wurde eigentlich erst im Nachhinein geboren. Doch aufregend und amüsant waren sie schon, vor allem in den Großstädten – eine Zeit zum Atemholen zwischen den Kriegs- und Inflationsjahren und all dem Schrecklichen, was nachher kommen sollte."[62] Diese Worte lassen auch die Frage aufkommen, wie Kultur und Politik in der Weimarer Republik zueinander standen. Leistete die „Kultur von Weimar" einen Beitrag dazu, die Demokratie zu stabilisieren? Gab es genug Künstler, denen bewusst war, dass die politische Ordnung der Weimarer Republik ihre künstlerische Freiheit garantierte?

62 Curt Ries: „Weltbühne Berlin". In: Alltag in der Weimarer Republik, S. 36

Die Zerstörung der Republik

Chronologie	
März 1930	Arbeitslosenzahl steigt auf 3,5 Millionen
27. März 1930	Rücktritt des Kabinetts Hermann Müller
29. März 1930	Ernennung Heinrich Brünings (Zentrum) zum Reichskanzler, Bildung des ersten Präsidialkabinetts
18. Juli 1930	Aufhebung einer Notverordnung führt zur Auflösung des Reichstages
14. September 1930	Reichstagswahlen, starke Stimmengewinne vor allem der NSDAP
1. Dezember 1930	Mehrere Notverordnungen (Deflationspolitik)
Februar 1931	Fast 5 Millionen Arbeitslose
6. Oktober 1931	Weitere Notverordnungen zur „Sicherung von Wirtschaft und Finanzen“
11. Oktober 1931	Treffen der „nationalen Opposition“ in Bad Harzburg („Harzburger Front“)
16. Dezember 1931	Bildung der „Eisernen Front“ (SPD, Arbeitersportverbände, Reichsbanner Schwarz-Rot-Gold“)
Februar 1932	6,1 Millionen Arbeitslose (Höchststand)
10. April 1932	Wiederwahl Hindenburgs zum Reichspräsidenten
24. April 1932	Landtagswahlen in Preußen, Bayern, Württemberg, Anhalt und Hamburg: große Gewinne für die NSDAP
30. Mai 1932	Entlassung des Kabinetts Brüning; „Kabinett der Barone“ unter Franz von Papen
20. Juli 1932	„Preußenschlag“ von Papens: Absetzung der preußischen Regierung; Papen wird Reichskommissar für Preußen
31. Juli 1932	Reichstagswahlen; die NSDAP stärkste Partei, Verluste für SPD und bürgerliche Parteien
13. August 1932	Hitlers Forderung, zum Reichskanzler ernannt zu werden, wird von Hindenburg abgelehnt
12. September 1932	Misstrauensvotum gegen Kabinett von Papen, Auflösung des Reichstages
6. November 1932	Neuwahlen des Reichstages; trotz erheblicher Verluste bleibt die NSDAP stärkste Partei
2. Dezember 1932	Präsidialkabinett Kurt von Schleicher
28. Januar 1933	Rücktritt Kurt von Schleichers, nachdem Hindenburg ihm das Vertrauen entzogen hatte
30. Januar 1933	Hitler wird Reichskanzler in einem Präsidialkabinett; von Papen Vizekanzler

Das Ende der Demokratie kündigt sich an

Die Berichte von Zeitzeugen über die letzten Jahre der Weimarer Republik enthalten eine Fülle von negativen Eindrücken. Von Arbeitslosigkeit, Streiks, einer Vielzahl von Neuwahlen und Staatskrise ist die Rede. Bemerkenswert sind auch die Beispiele für wachsende **Intoleranz** und **Gewaltbereitschaft** in der Schlussphase der „Weimarer Zeit" an die sich zwei Zeitzeugen erinnern. So schildert Rudolf Pörtner ein Erlebnis, das er als junger Kommunist in Berlin hatte: „Einmal nachts am Bahnhof Hohenzollerndamm musste ich eilends vor einem SA-Mann retirieren, der das Antifa-Zeichen auf meiner Brust entdeckt hatte. Ich retirierte mit Erfolg, denn der Klassenfeind trug hohe Stiefel, und ich gewann ihm schon auf den ersten hundert Metern zehn Meter Vorsprung ab, sodass er mich wohl oder übel laufen lassen musste."[63] Bernhard Hanssler besuchte als Theologiestudent einen Vortrag des Generals Ludendorff in Tübingen: „Ich empfand es als eine Unverschämtheit, dass ein besiegter General uns politisch belehren wollte [...] Ich machte Zwischenrufe, aber jetzt bekam ich rasch zu spüren, in welche Falle ich geraten war. Eine Gruppe von Studenten nahm mich in die Mitte, ich begriff, dass es Zeit war, Fersengeld zu zahlen, und entwich durch den Nebenausgang. Es nahte die Endphase der Weimarer Demokratie."[64] Diese Berichte aus den letzten drei Jahren des Weimarer Staates vermitteln deutlich den Eindruck, dass das **demokratische Miteinander** nicht mehr selbstverständlich war. Das Ergebnis war, dass die Demokratie schließlich scheiterte. Will man den Ursachen dafür nachspüren, kommt den politischen Entscheidungen und Vorgängen zwischen 1928 und 1933 besonders große Bedeutung zu.

Die Reichstagswahlen vom 20. Mai 1928

Vordergründig betrachtet war der Weimarer Staat im Jahre 1928 noch in Ordnung. Eine Koalition aus mehreren bürgerlichen Parteien endete zum Jahresbeginn, weil die Politiker sich über ein Schulgesetz nicht einigen konnten. In den Reichstagswahlen vom 20. Mai 1928 erzielten die Sozialdemokraten ihr bestes Wahlergebnis seit 1920 und wurden stärkste Fraktion. Da sie alleine nicht regieren konnten, mussten sie mit anderen Parteien eine Koalition bil-

63 Rudolf Pörtner: „Der Ausflug nach Kuhle Wampe". In: Pörtner (Hrsg.): Alltag in der Weimarer Republik, S. 310
64 Bernhard Hanssler: „Es war eine große Zeit der Kirche". In: Pörtner (Hrsg.): Alltag in der Weimarer Republik, S. 202

den. Diese umfasste neben den Sozialdemokraten das Zentrum, die Deutsche Demokratische Partei (DDP), die Deutsche Volkspartei (DVP) und die Bayerische Volkspartei (BVP). Reichspräsident Hindenburg ernannte den Parteivorsitzenden der stärksten Regierungspartei, den Sozialdemokraten Hermann Müller, zum Reichskanzler. Dieser hatte das Amt 1920 schon einmal innegehabt. Der SPD-Politiker Carl Severing übernahm das Innenministerium und sein Parteifreund Rudolf Hilferding das Finanzministerium. Für die DVP leitete Gustav Stresemann das Außenministerium. Im Hinblick auf die spätere Entwicklung ist zu betonen, dass gemäß Artikel 54 der Weimarer Verfassung sowohl der Reichskanzler als auch alle Minister das **Vertrauen des Reichstages** besaßen. Das heißt, die Regierung konnte sich bei allen Gesetzesvorlagen auf die Mehrheit der Abgeordneten im Reichstag stützen.

Das Kabinett Hermann Müllers

Die neue Reichsregierung feierte als Auftakt der Regierungstätigkeit am 11. August 1929 den **zehnten Jahrestag der Weimarer Verfassung**. Doch die gezeigte Eintracht täuschte über den wahren Zustand der Großen Koalition. Sie stand auf schwachen Füßen, denn die Fraktionen der beteiligten Parteien hatten gegensätzliche Auffassungen über die zukünftige Wirtschafts- und Sozialpolitik. Erste Meinungsverschiedenheiten wurden deutlich, als es um den Bau eines Kriegsschiffes ging. Nach dem Tod Stresemanns im Oktober 1929 fehlte die Persönlichkeit, die in Streitfällen den **Koalitionsfrieden** wiederherstellte.

Wahlplakat der DNVP (1932).

Die Auseinandersetzungen in der Koalition verschärften sich, als sich die Weltwirtschaftskrise, die am 25. Oktober 1929 mit dem amerikanischen Börsenkrach begann, in Deutschland bemerkbar machte. Die Arbeitslosenversicherung war von maximal **800 000 Arbeitslosen** ausgegangen, im Februar 1929 gab es aber bereits **2,4 Millionen Arbeitslose**. Die Einführung der Arbeitslosenversicherung war eine der sozialpolitischen Leistungen der Weimarer Republik. Die Beiträge wurden je zur Hälfte von den

Arbeitgebern und Pflichtversicherten aufgebracht. Alle Versicherten besaßen, wenn sie erwerbslos wurden, einen Rechtsanspruch auf Arbeitslosenunterstützung. Im Frühjahr des Jahres 1929 reichte aber das Geld nicht mehr aus, um die auszuzahlenden Versicherungsleistungen zu decken. Das Reich sprang mit Darlehen ein, aber eine Sanierung der Arbeitslosenversicherung musste rasch geleistet werden. Die DVP, die ihre Klientel in den Arbeitgeberverbänden hatte, wollte das Arbeitslosengeld senken. Die SPD-Fraktion, die einen starken Gewerkschaftsflügel hatte, forderte eine Erhöhung der Versicherungsbeiträge. Beide Parteien fanden keinen Kompromiss, so dass die Große Koalition zerbrach. Am 27. März 1930 trat die letzte aus demokratischen Wahlen hervorgegangene und auf das Vertrauen des Reichstages gestützte Regierung zurück. Mit ihrem mangelnden Willen und ihrer Unfähigkeit, unterschiedliche Interessen auszugleichen, erleichterten die demokratischen Parteien den Übergang zu einem **autoritären Staat**.

Die Weimarer Republik war nach dem Scheitern der Großen Koalition in einer großen Krise. Die politischen Lager blockierten sich gegenseitig und damit war der Reichstag nicht **mehrheitsfähig**. Ein zahlenmäßig kleiner Kreis von Männern, die Einfluss auf den greisen Reichspräsidenten hatten, suchten nach Lösungen, die außerhalb des parlamentarischen Systems lagen. Zu ihm gehörte Oskar von Hindenburg, der Sohn des Reichspräsidenten, der Staatssekretär im Reichspräsidialamt Otto Meissner, General Kurt von Schleicher und der Vorsitzende der Deutschnationalen Volkspartei Alfred Hugenberg. Diese Männer wollten die Kompetenzen des Parlaments, der „Schwatzbude", wie der Reichstag abfällig genannt wurde, bewusst einschränken. In ihren Augen hatte die parlamentarische Demokratie bislang schlecht funktioniert. Sie wollten die Exekutive stärken. Der Reichspräsident sollte wie einst der Kaiser das Recht haben, den Reichskanzler **nach eigenem Ermessen** zu ernennen und zu entlassen. Dazu sollte der Reichspräsident die weitreichenden verfassungsrechtlichen Vollmachten, die ihm nach dem Notverordnungsrecht aus **Artikel 48** zustanden, voll ausschöpfen.

Die Geschichtswissenschaft ist sich einig, dass hier ein Prozess bewusst und zielstrebig in Gang gesetzt wurde. Er hatte zum Ziel, das Parlament zu entmachten, die Sozialdemokraten auszuschalten und den demokratischen Staat in einen „Neuen Staat" umzugestalten.[65]

65 Kolb: Die Weimarer Republik, S. 126

Die Regierung Brüning

Reichskanzler Heinrich Brüning.

Da der Reichstag keine parlamentarische Mehrheit zustande brachte, legte Hindenburg seine Vollmachten weit aus und beauftragte einen Tag nach dem Rücktritt Müllers den Fraktionsvorsitzenden des Zentrums Heinrich Brüning mit der Bildung einer Minderheitsregierung. Bei der Regierungsbildung bemühte sich dieser nicht um eine parlamentarische Mehrheit, sondern stellte sein Kabinett ohne Verhandlungen mit Parteien auf. Er und seine Minister waren allein vom politischen Vertrauen des Reichspräsidenten abhängig, was Brüning die Bezeichnung **„Präsidialkanzler"** und seiner Regierung den Namen **„Hindenburg-Kabinett"** einbrachte. Die Frage war, wie Brüning überhaupt regieren konnte, da Gesetze nur mit der Zustimmung des Parlaments verabschiedet werden konnten. Dazu schreibt Brüning in seinen Erinnerungen: „Ich bat um die Erlaubnis, ein nicht an die Parteien gebundenes Kabinett bilden zu dürfen, und um die Zusage, mir für dieses Kabinett im Notfall die Vollmachten des Artikels 48 zu erteilen."[66] Der Artikel 48 gab dem Reichspräsidenten eine große Vollmacht für den Fall, dass „im Deutschen Reiche die öffentliche Sicherheit und Ordnung erheblich gestört oder gefährdet" war. Es lagen keine Ausführungsbestimmungen vor, die diesen „Notfall" genau bestimmten, und so konnte der Reichspräsident nicht daran gehindert werden, den Artikel 48 als Ersatz für das normale Gesetzgebungsverfahren anzuwenden. Dem Kabinett Müller hatte Hindenburg noch den Einsatz des Artikels 48 verweigert, Brüning bekam seine Instrumente jetzt in die Hand. Wenn der Reichstag einem Gesetzesvorschlag nicht zustimmen sollte, würde der Reichskanzler nach der Auflösung des Reichstags das abgelehnte Gesetz ohne Zustimmung des Parlaments in Form einer **Notverordnung** erlassen können.

Die „Ersatzverfassung", wie Hagen Schulze die Anwendung des Artikels 48 nennt, funktionierte gut, wenn es darum ging, schnelle Maßnahmen zur Finanzpolitik und zur Durchsetzung der Staatsautorität gegen die politische Gewaltkriminalität von rechts und links zu treffen.[67] 1930 gab es fünf Notverordnungen, ein Jahr später bereits 44.

66 Heinrich Brüning: Memoiren 1918–1934. Stuttgart, DVA 1970, S. 161
67 Schulze: Kleine Deutsche Geschichte, S. 192

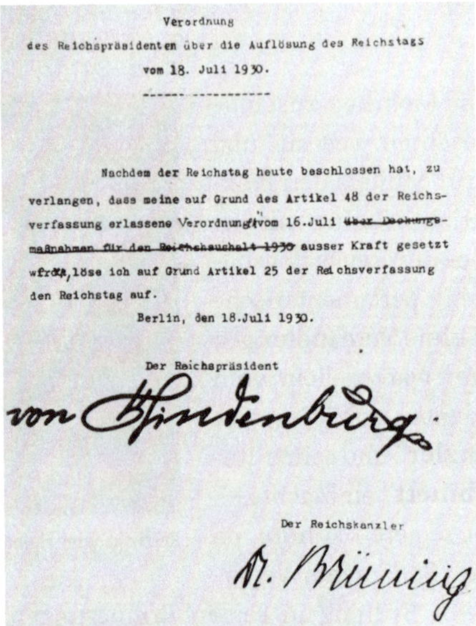

Verordnung
des Reichspräsidenten über die Auflösung des Reichstags
vom 18. Juli 1930.

Nachdem der Reichstag heute beschlossen hat, zu verlangen, dass meine auf Grund des Artikel 48 der Reichsverfassung erlassene Verordnungen vom 16. Juli ~~über Deckungsmaßnahmen für den Reichshaushalt 1930~~ ausser Kraft gesetzt werden, löse ich auf Grund Artikel 25 der Reichsverfassung den Reichstag auf.

Berlin, den 18. Juli 1930.

Der Reichspräsident
von Hindenburg

Der Reichskanzler
Dr. Brüning

Die Reichstagsauflösung vom 18. Juli 1930.

Brünings Politik ging auf. Der Reichstag verweigerte im Juli 1930 mit sieben Stimmen Mehrheit die Zustimmung zur ersten Gesetzesvorlage. Der Reichstag sprach damit der Regierung sein Misstrauen aus. Er musste aber selbst keine neue Regierung präsentieren, denn es gab kein **konstruktives Misstrauensvotum**. Reichstagsauflösung und Neuwahlen waren unumgänglich. In der Zwischenzeit hätte Brüning mit Notverordnungen weiterregieren können. Es versteht sich, dass das Kabinett den Wahltermin auf den letztmöglichen Termin, den 14. September 1930, festsetzte. Diesem Brüningschen Beispiel sollten alle Reichskanzler bis zur „Machtergreifung“ der Nationalsozialisten folgen.

Die Geschichtswissenschaft bewertet den ganzen Vorgang als **„stillen Verfassungswandel“**. Die Macht im Staat verlagerte sich vom gewählten Reichstag und den Parteien auf den Reichspräsidenten und der von seinem Vertrauen abhängigen Regierung.

Deflationspolitik

Die Regierung Brüning verfolgte als oberstes Ziel, Deutschland von den hohen Reparationen zu befreien. Durch pünktliche Reparationszahlungen sollten einerseits die Siegermächte beeindruckt werden, andererseits hoffte man, dass die Wirtschaftskrise dazu beitrug, die Zahlungsunfähigkeit Deutschlands zu demonstrieren. Die Bekämpfung der Arbeitslosigkeit und der Wirtschaftskrise wurden diesem obersten Ziel untergeordnet. Um das Reparationsproblem zu lösen, betrieb Brüning eine **Deflationspolitik**. Diese bestand darin, die Staatsausgaben rigide zu beschränken sowie Steuern und Abgaben zu erhöhen. Brüning verlangte große Opfer von der Bevölkerung: Beamte erhielten weniger Gehalt, Kriegsbeschädigte niedrigere Renten und Arbeitslose eine geringere Unterstützung. Die Arbeitslosigkeit stieg und die in Lohn und Brot befindlichen Arbeitnehmer mussten sinkende Löhne hinnehmen. Überall wuchs die Unzufriedenheit.

So war es keine Überraschung, dass bei der **Septemberwahl 1930** alle demokratischen Parteien Verluste erlitten. Die Kommunisten hatten Stimmengewinne und errangen 77 Mandate. Die Sieger der Wahlen aber waren die Nationalsozialisten, die bei den letzten Wahlen im Jahre 1928 nur 2,6% der Stimmen bekommen hatten. Nun hatten über 6 Millionen Wähler aus allen sozialen Schichten für die Nationalsozialisten gestimmt. Diese vergrößerten ihren Stimmenanteil auf 18,3% und waren mit 107 Abgeordneten zweitstärkste Fraktion im Reichstag nach den Sozialdemokraten. Solch ein Erfolg war beispiellos in der Weimarer Republik.

Streik gegen Lohnabbau (1931).

Die Septemberwahl wertet der Historiker Kolb als „eines der Schicksalsdaten der deutschen Geschichte“.[68] Sie markiert den Durchbruch der Nationalsozialisten, die zu einem neuen **Machtfaktor** in Deutschland wurden. Gegen die Stimmen der antiparlamentarisch eingestellten Parteien NSDAP und KPD war keine Mehrheitsbildung mehr möglich. Reichskanzler Brüning regierte allerdings zunächst weiter, diesmal sogar mit Unterstützung der SPD-Fraktion. Diese gab ihren Oppositionskurs auf und war in Einzelfragen zur Zusammenarbeit bereit. Sie hoffte dadurch, die sozialdemokratisch geführte Koalitionsregierung in Preußen zu unterstützen, die eine wichtige Machtbasis der Partei darstellte.

Die Weltwirtschaftskrise

Im Sommer 1931 waren die Folgen der Weltwirtschaftskrise überall in Deutschland sichtbar. Banken brachen zusammen, die Industrieproduktion sank um die Hälfte, die Löhne der Arbeiter halbierten sich ebenfalls. Die

68 Kolb: Die Weimarer Republik, S. 126

Arbeitslosenzahlen stiegen im September 1931 auf über 5 Millionen, denen 13 Millionen Beschäftigte gegenüberstanden; d. h. fast jeder Dritte war arbeitslos. Ganz Deutschland befand sich in Ruhelosigkeit. Ein Augenzeuge berichtet: „Ich habe damals Menschen gesehen, die in Küchenabfällen nach Essensresten suchten. Gestandene Handwerksmeister kamen an die Haustür und fragten nach einfachen Arbeiten. Installateure und Maurer überschlugen sich vor Dankbarkeit, wenn sie einen kleinen Auftrag erhielten."[69] Ein anderer erinnert sich: „Die Not war so groß, dass Volksküchen für die Notleidenden eingerichtet werden mussten, um ihnen wenigstens eine warme Mahlzeit am Tag zu sichern. [...] Viele Familien konnten die Miete für ihre Wohnungen nicht mehr bezahlen. Schuhe trugen die meisten Arbeiterkinder nur im Winter. Im Sommer kamen sie barfuß oder mit Holzschuhen."[70] Die psychischen Auswirkungen der Wirtschaftskrise auf die Betroffenen waren schlimm. Das **Gefühl der Unsicherheit** erfasste auch die, die noch einen Arbeitsplatz hatten. Zweifel an der Regierung, aber auch an den Institutionen des demokratischen Staates machte sich breit und erlaubte es den rechten und linken Gegnern der Republik, Ängste und Vorurteile der Menschen für ihre politischen Zwecke auszunutzen.

Alter Mann als Abfallsammler (1931).

Die „Harzburger Front"

Die **„nationale Opposition"** versammelte sich am 11. Oktober 1931 im Kurort Bad Harzburg zu einer Großveranstaltung. Dazu gehörten die Nationalsozialisten, die Deutschnationale Volkspartei, der Frontkämpferverband „Stahlhelm", einige Mitglieder der Deutschen Volkspartei und einflussreiche Männer wie der frühere Reichsbankpräsident Hjalmar Schacht. Hinter den Kulissen herrschte Uneinigkeit zwischen den rechten Gruppierungen über die politische Strategie, aber in dem Ziel, die Regierung Brüning zu stürzen, waren sich alle Teilnehmer der „Harzburger Front" einig. Alfred Hugenberg,

69 Antonius John: „Weimar vor Ort – In Ahlen in Westfalen". In: Pörtner (Hrsg.): Alltag in der Weimarer Republik, S. 516
70 Heinrich Windelen: „Als die „Weber stempeln gingen ...". In: Pörtner (Hrsg.): Alltag in der Weimarer Republik, S. 480

Chef eines mächtigen Presseimperiums, griff die Regierung an, als er auf einer Kundgebung sagte: „Hier ist die Mehrheit des deutschen Volkes. Sie ruft den Pächtern der Ämter und Pfründen, den Machtgenießern und politischen Bonzen, den Inhabern und Ausbeutern absterbender Organisationen, sie ruft den regierenden Parteien zu: Es ist eine neue Welt im Aufstieg – wir wollen Euch nicht mehr."[71] Deutlich ist das Selbstbewusstsein, mit der die „alte" Regierung verbal angegriffen und eine „neue Welt" angekündigt wird.

Die Reichspräsidentenwahlen 1932

Wahlkampf für Duesterberg (1932).

Die Amtszeit des inzwischen 85-jährigen Hindenburgs, der seit 1925 Reichspräsident war, lief im Frühjahr 1932 ab. Das Amt des Reichspräsidenten war in der Weimarer Republik bedeutender als heute das des Bundespräsidenten. Das Staatsoberhaupt hatte umfangreiche Rechte und wurde für **sieben Jahre** direkt durch das Volk gewählt. Brüning schreckte der Gedanke an einen Wahlkampf des greisen Mannes, und deshalb bemühte er sich, eine Verlängerung der Amtszeit durch ein verfassungsänderndes Gesetz zu erreichen. Die nötige Zweidrittelmehrheit des Reichstages scheiterte aber am Widerstand Hitlers und Hugenbergs. Dieses Ergebnis hatte zwei wichtige Folgen. Zum einen endete die Einheit der „Harzburger Front" mit der Präsentation zweier Kandidaten für die anstehende Wahl des Reichspräsidenten. Die DNVP und der „Stahlhelm" versagten Hindenburg die Unterstützung und stellten den weithin unbekannten „Stahlhelm"-Führer Theodor Duesterberg auf. Für die Nationalsozialisten kandidierte Adolf Hitler. Zum anderen war das Vertrauen zwischen dem Reichspräsidenten und seinem Kanzler erschüttert. Hindenburg hatte eine Bestätigung im Amt ohne Wahlkampf gewünscht. Schon der Auftakt des Wahlkampfes war nicht nach seinem Geschmack und das legte er Brüning zur Last.

71 Rede Alfred Hugenbergs auf der Kundgebung der Harzburger Front. Zit. n.: Michalka, Niedhart (Hrsg.): Deutsche Geschichte, S. 201

Der Wahlkampf

Dieser begann mit folgendem Aufruf des Allgemeinen Deutschen Gewerkschaftsbundes (ADGB), dem sich auch die Sozialdemokraten anschlossen: „Arbeiter und Arbeiterinnen Deutschlands! Bei der Wahl des Reichspräsidenten geht es um Eure und Eurer Kinder Zukunft, zum Sein oder Nichtsein des

Wahlplakat der NSDAP (1932).

demokratischen Deutschlands, um die Deutsche Republik und ihre Verfassung. [...] Wir rufen Euch auf, dem seitherigen Reichspräsidenten Hindenburg Eure Stimme zu geben."[72] Hindenburg war also der Kandidat der Gewerkschaft und der Sozialdemokraten, was nicht in seinem Sinn war, denn er lehnte deren Politik innerlich ab. Die Sozialdemokraten und Gewerkschaften wiederum

72 Vorstand der Industriegewerkschaft Metall (Hrsg.): 100 Jahre Industriegewerkschaft 1891–1991. Köln 1991, S. 274

sahen darüber hinweg und setzten auf die Verfassungstreue des amtierenden Reichspräsidenten. In ihren Augen konnte nur seine Wiederwahl Hitler verhindern. Der Historiker Eberhard Jäckel spricht von einer „Notallianz".[73]

Wahlplakat zur Reichspräsidentenwahl (1932).

Der dreiwöchige Wahlkampf wurde erbittert geführt. Hindenburg beschränkte seinen Wahlkampf auf eine Rundfunkansprache, in der er sich als überparteilicher „Kandidat des deutschen Volkes" präsentierte. Dagegen lief die Wahlkampagne der NSDAP auf vollen Touren. Adolf Hitler, der zu Großveranstaltungen per Flugzeug anreiste, agitierte hemmungslos gegen die demokratischen Parteien und gegen die Republik. Auch antisemitische Töne waren, wie das oben stehende Plakat beweist, Teil seiner Kampagne. Ernst Thälmann kandidierte für die Kommunisten. Er heizte die Stimmung mit der Parole „Wer Hindenburg wählt, wählt Hitler" zusätzlich an. Der Wahlkampf war, wie alle folgenden Wahlkämpfe, überschattet von gewaltsamen Auseinandersetzungen zwischen Kommunisten und Nationalsozialisten. Jede Partei besaß wehrsportlich ausgebildete **„Schutzformationen"**, die Demonstrationen und Aufmärsche durchführten.

Ein Zeitzeuge erinnert sich: „Die SPD hatte ihre jüngeren Parteimitglieder im Reichsbanner organisiert. Sie grüßten mit dem Gruß ‚Freiheit' und hoben dabei den rechten Arm mit geballter Faust. Drei schräg stehende Pfeile waren ihr Abzeichen. Die Kommunisten zogen mit dem Kampfgruß ‚Rotfront' durch die Straßen. Sie grüßten sich mit angewinkeltem Unterarm, die Hand ebenfalls zur Faust geballt. Mit ihren Schalmeienkapellen erregten sie großes Aufsehen. In braunen Hemden mit Hakenkreuzarmbinden und braunen Sturmmützen dekorierten sich die Nazis und riefen „Sieg Heil" oder „Heil Hitler".[74] Am Abend des 13. März stand fest, dass Hindenburg knapp die erforderliche absolute Mehrheit verfehlt hatte. Im zweiten Wahlgang am

73 Eberhard Jäckel: Das deutsche Jahrhundert. Stuttgart 1996, S. 127
74 Eugen Loderer: „Barfuß zur Schule – von Mai bis September". In: Pörtner (Hrsg.): Alltag in der Weimarer Republik, S. 473

10. April 1932 siegte er jedoch mit 50,3 % der Stimmen. Hitler erhielt 36,8 % und Thälmann 10 % der Stimmen. Damit hatten sich Hitlers Hoffnungen, gegen den ehemaligen Feldmarschall zu gewinnen, nicht erfüllt. Die Mehrheit der Deutschen hatte gegen ihn gestimmt.

Der Sturz der Regierung Brüning

Nach der Reichspräsidentenwahl waren die Tage Brünings gezählt. Das hatte mehrere Gründe. Unter dem Druck der Wirtschaftskrise, die er mit seiner Politik nicht überwinden konnte, mehrten sich in seiner Regierung Stimmen, die Arbeitsbeschaffungsmaßnahmen und einen neuen Kurs verlangten. Landtagswahlen in Anhalt, Hamburg, Württemberg und Preußen bestätigten die Schwäche des Zentrums und der anderen demokratischen Parteien. Hinzu kam, dass Brüning nicht mehr das persönliche und politische Vertrauen des Reichspräsidenten besaß. Aber entscheidend war, dass die Männer in der Umgebung des Reichspräsidenten den Plan umsetzen wollten, die Regierung Brüning zu stürzen, um ein neues, von der NSDAP toleriertes, stärker rechts orientiertes Kabinett aufzustellen. Am 30. Mai 1932 erschien Brüning im Reichspräsidentenpalais, wo er kühl empfangen wurde. Nach einem kurzen Gespräch nahm Hindenburg einen vorbereiteten Aktenbogen und las den handgeschriebenen Text vor: „Die Regierung erhält, weil sie unpopulär ist, von mir nicht mehr die Erlaubnis, neue Notverordnungen zu erlassen."[75] Damit entzog Hindenburg dem Reichskanzler das Vertrauen.

Das Urteil über die Ära Brüning fällt in der Geschichtswissenschaft negativ aus. Mit 26 Monaten Regierungstätigkeit erreichte Brüning die längste Amtszeit aller 14 Reichskanzler der Weimarer Republik, wobei sich seine Politik zweifellos an den Grundsätzen des Rechtsstaates orientierte. Der Historiker Heinrich August Winkler bezeichnet ihn aber als einen „Mann des vorrepublikanischen Deutschlands" und bezieht sich dabei auf seine Sympathien für die Monarchie.[76] In seiner Regierungszeit beteiligte er den Reichstag nicht an den politischen Entscheidungen und gewöhnte die Öffentlichkeit an den Gedanken, Politik ohne Rücksicht auf den Willen der Wähler zu betreiben.

75 Brüning: Memoiren 1918–1934, S. 599

76 Heinrich August Winkler: Weimar 1918–1933: Die Geschichte der ersten deutschen Demokratie. München 1993, S. 376

Die Regierung von Papen

Am 1. Juni 1932 ernannte Hindenburg den Zentrumspolitiker Franz von Papen zum Reichskanzler. Dieser leitete das sogenannte **Kabinett der Barone**, denn kein Minister stammte aus dem Mittelstand oder der Arbeiterschaft. Auf eine parlamentarische Unterstützung durch Zentrum und Sozialdemokratie konnte die neue Regierung nicht rechnen. Von Papen dachte auch gar nicht an eine Rückkehr zu einem parlamentarischen System. Es war daher konsequent, dass er seine Regierungserklärung nicht im Reichstag, sondern im Rundfunk verlas. Die Nationalsozialisten stellten eine Tolerierung der neuen Regierung in Aussicht. Ihre Bedingung war aber die sofortige Auflösung des Reichstages, denn Neuwahlen waren in ihrem Interesse. Drei Tage nach Antritt der Regierung von Papen wurde der Reichstag aufgelöst und Wahlen für den 31. Juli festgesetzt. Das Kabinett kümmerte sich in den folgenden Wochen wenig um die Lösung der Wirtschaftskrise, dafür ging es mit dem sogenannten **Preußenschlag** in die Geschichte ein.

Die Reichsexekution gegen Preußen

Das Deutsche Reich bestand 1932 noch aus 17 Ländern. Preußen war das größte und einflussreichste Land, in dem die Koalition aus Sozialdemokraten, Zentrum und DDP unter dem sozialdemokratischen Ministerpräsidenten Otto Braun lange und erfolgreich regierte (sogenannte Weimarer Koalition). Man sprach von Preußen als der **„republikanischen Festung"**. In den Landtagswahlen im April 1932 verlor die Koalition die parlamentarische Mehrheit. Der preußische Landtag war lahmgelegt. Die Nationalsozialisten waren die stärkste Fraktion geworden und hätten den neuen Ministerpräsidenten stellen können, konnten aber nicht auf die Stimmen anderer Parteien hoffen. Die Kommunisten sahen in den Sozialdemokraten ihren Hauptfeind und beschimpften sie als **„Sozialfaschisten"**. Sie weigerten sich, einem sozialdemokratischen Ministerpräsidenten ihr Jawort zu geben. Otto Braun trat von seinem Amt zurück und regierte „geschäftsführend". Diese Krise machte ein Eingreifen des Reiches in Preußen möglich, denn wenn das Parlament nicht arbeitsfähig sei, so die Argumentation, drohten größere Unruhen. Der Regierung von Papen kam es in erster Linie darauf an, die Sozialdemokraten in

Reichstagswahl
Wahlkreis Berlin

1	Nationalsozialistische Deutsche Arbeiter-Partei (Hitlerbewegung) Dr. Goebbels – Graf zu Reventlow – Schuhmann – Dr. Fabricius	1 ○
2	Sozialdemokratische Partei Deutschlands Crispien – Aufhäuser – Frau Bohm-Schuch – Litke	2 ○
3	Kommunistische Partei Deutschlands Thälmann – Pieck – Torgler – Kayser	3 ○
4	Deutsche Zentrumspartei Dr. Brüning – Dr. Krone – Schmitt – Bernoth	4 ○
5	Deutschnationale Volkspartei Laverrenz – Berndt – Wilschwitzki – Koch	5 ○
5a	Radikaler Mittelstand Mylius – Dr. Wiebelauer	5a ○
6a	Interessengemeinschaft der Kleinrentner und Inflationsgeschädigten Pitak – Steinitt – Jochens – Bicklow	6a ○
7	Deutsche Volkspartei Dr. Mahler – Dr. Müller – Frau Hoß – Müller	7 ○
8	Deutsche Staatspartei Dr. Schreiber – Cohnfeld – Dr. Goepel – Frau Beerensson	8 ○
9	Christlich-sozialer Volksdienst (Evangelische Bewegung) Hartwig – Frau Ulbrich – Lüthje – Kogelschatz	9 ○
9a	Deutsch-hannoversche Partei Meyer – Preße – Meier – Salter	9a ○
10	Reichspartei des deutschen Mittelstandes Mollath – Koch – Seyger – Heinicke	10 ○
13	Deutsches Landvolk Dr. Pentick – Barkte	13 ○
14	Volksrecht-Partei D. Dr. Graf Posadowsky-Wehner – Banfer – Brink – Mende	14 ○
15	Gerechtigkeits-Bewegung-Meißner Meißner – Brandt	15 ○
17	Sozial-Republikanische Partei Deutschlands (Hörsing-Bewegung für Arbeitsbeschaffung) Hörsing – Hauff – Dr. Hamburger – Krekel	17 ○
18	Sozialistische Arbeiter-Partei Deutschlands Ledebour – Seydewitz – Dr. Zweiling – Dr. Sternberg	18 ○
19	Polenliste Kwietniewski – Labecki – Sierakowski – Stanicki	19 ○
21	Freiwirtschaftliche Partei Deutschlands (F.P.D.) Partei für krisenfreie Volkswirtschaft Graske – Banzhaff – Lest – Mix	21 ○
25	Kampfgemeinschaft der Arbeiter und Bauern Müller – Wewerzinek – Hirschfeld – Rücker	25 ○
26	Haus- und Landwirtepartei (Bund für Wirtschaftsreform) Stargemann – Borchert – Meinen – Sokolowski	26 ○
27	Kleinrentner, Inflationsgeschädigte und Vorkriegsgeldbesitzer Beer – Sielmann – Hahn – Bungert	27 ○
28	Deutsche Bauernpartei (National-Republikanische-Partei) Sohan – Wiek	28 ○
29	Radikaldemokratische Partei Sacks – Frau Brinkmann – Dr. Danielewicz – Frau Strasser	29 ○
31	Enteigneter Mittelstand Krämer – Hellwig – Herfort	31 ○
32	Handwerker, Handel- und Gewerbetreibende Richter – Rößler	32 ○
33	Für Hindenburg und Papen (Nationalistische Kampfbewegung) Perukschat – Frau Tangermann – Baje	33 ○
35	Unitarien Union Deutschlands (Einheitsbewegung aller Schaffenden) Kandt – Siebert – Wellhain – Paritschke	35 ○
36	Mittelstands-Partei (Unitarier) Schacht – Kornatzki – Kanert	36 ○

Wahlzettel zur Reichstagwahl (1932).

Preußen aus der Macht zu drängen. Am 20. Juli, wenige Tage vor der Reichstagwahl, setzte die Regierung von Papen in einer staatsstreichartigen Aktion die Regierung Braun ab. Reichswehreinheiten besetzten alle preußischen Ministerien, die der „Reichsexekutive“ unterstellt wurden. Der Reichskanzler übernahm das Amt des preußischen Ministerpräsidenten.

Wie reagierten die Sozialdemokraten auf die Absetzung ihrer Regierung? Auf der Straße war man einsatzbereit, wie ein junger Sozialdemokrat berichtet: „Wir stürmten zu den Sammelplätzen des Reichsbanners, bewaffnet mit einigen Handfeuerwaffen, die wir von Belgien rübergeschmuggelt hatten. Aber ich warf meine Parabellum-Pistole wütend-resigniert in die Ecke, nachdem von Berlin der Bescheid gekommen war: ‚Alles abblasen, wir haben das Reichsgericht angerufen‘.“[77] Die SPD-Führung konnte sich weder zum gewaltsamen Widerstand noch zum Ausruf des **Generalstreiks** entschließen. Sie rief die oberste juristische Instanz der Weimarer Republik, den Staatsgerichtshof, an um die Rechtmäßigkeit der Aktion klären zu lassen.

Geschichtswissenschaftler erklären diese Entscheidung der Sozialdemokraten mit zwei Argumenten. Zum einen sei ein bewaffneter Widerstand des Reichsbanners gegen die überlegene Reichswehr verantwortungslos gewesen. Zum andern sei die Arbeiterschaft durch den Kampf der Kommunisten gegen die Sozialdemokraten gespalten gewesen. Darüber hinaus habe zu einem Generalstreik in der Arbeiterschaft angesichts der Massenarbeitslosigkeit keine Bereitschaft bestanden.[78]

77 Heinz Kühn: „Die Republik ohne Republikaner“. In: Pörtner (Hrsg.): Alltag in der Weimarer Republik, S. 291

78 Kolb: Die Weimarer Republik, S. 137

Die Reichstagswahlen vom 31. Juli und 6. November 1932

In den nächsten Wahlen zeigte sich, dass das stabile Parteiensystem aus den zwanziger Jahren nicht mehr bestand. Die politische Mitte hatte sich in eine Vielzahl von Splitterparteien aufgelöst. 36 verschiedene Parteien traten zur Wahl an. Aber keine konnte so gut die Massen mobilisieren wie die Nationalsozialisten. Ihr Wahlplakat traf die Stimmung breiter Kreise der Bevölkerung. Sein Text: „Unsere letzte Hoffnung: Hitler". Bei hoher Wahlbeteiligung (83 %) gewann die NSDAP 13,8 Millionen Stimmen. Auch die Kommunisten steigerten ihr Ergebnis. Die Sozialdemokraten konnten sich bei einem Verlust von 10 Abgeordneten zwar noch behaupten, aber die anderen bürgerlichen Parteien sanken zu unbedeutenden Gruppierungen herab. Wie in Preußen waren jetzt auch im Reichstag Nationalsozialisten und Kommunisten zusammen **nicht regierungsfähig**, konnten alleine keine Regierung bilden, aber gemeinsam staatliche Maßnahmen blockieren. Die Nationalsozialisten kündigten ange-

13.2.1919	130 Tage	Philipp Scheidemann SPD
21.6.	277	Gustav Bauer SPD
27.3.1920	72	Hermann Müller SPD
21.6.	317	Konstantin Fehrenbach Zentrum
10.5.1921	165	Josef Wirth Zentrum
26.10.	384	Josef Wirth Zentrum
22.11.1922	263	Wilhelm Cuno parteilos
13.8.1923	51	Gustav Stresemann DVP
6.10.	48	Gustav Stresemann DVP
30.11.	177	Wilhelm Marx Zentrum
3.6.1924	195	Wilhelm Marx Zentrum
15.1.1925	223	Hans Luther parteilos
20.1.1926	112	Hans Luther parteilos
17.5.	214	Wilhelm Marx Zentrum
29.1.1927	499	Wilhelm Marx Zentrum
29.6.1928	636	Hermann Müller SPD
30.3.1930	556	Heinrich Brüning Zentrum
9.10.1931	233	Heinrich Brüning Zentrum
1.6.1932	170	Franz v. Papen Zentrum
4.12.	55	Kurt v. Schleicher parteilos
30.1.1933	Machtergreifung durch Adolf Hitler	

Regierungsbildung der parlamentarischen Reichsregierungen in der Weimarer Republik.

sichts ihres großen Wahlerfolges ihre Tolerierung der Regierung von Papen auf. Nach einem Misstrauensantrag hatte auch das Kabinett von Papen keine Zukunft mehr. Erneute Reichstagswahlen am 6. November änderten nichts an den Mehrheitsverhältnissen im Reichstag.

Die NSDAP büßte 4% ihrer Stimmen ein, blieb aber stärkste Fraktion. Hitler forderte die Kanzlerschaft, aber Hindenburg weigerte sich, „den böhmischen Gefreiten" zum Reichskanzler zu ernennen. Er berief am 3. Dezember 1932 Reichswehrminister von Schleicher zum Reichskanzler. Im Hintergrund begann im Januar ein „bedenkenlos geführtes Intrigenspiel".[79] Papen und Oskar von Hindenburg setzten alle ihre Energien daran, das Vertrauen zwischen von Schleicher und Hindenburg zu zerstören und die Bildung einer neuen Regierung unter einem Reichskanzler Hitler zu ermöglichen. Am 28. Januar reichte von Schleicher seinen Rücktritt ein, und am 30. Januar 1933 verteidigte Hindenburg eine neue Regierung mit Hitler als Reichskanzler und von Papen als Vizekanzler.

Ursachen für das Scheitern der Weimarer Republik

Warum scheiterte die Weimarer Republik? Die Historiker sind sich einig, dass eine Reihe von Gründen dafür verantwortlich waren. Man verweist auf die Fehler in der Weimarer Reichsverfassung von 1919. Es erwies sich als problematisch, dass beide Institutionen, Reichspräsident und Reichstag, direkt vom Volk gewählt wurden. Die Parteien konnten sich ihrer **politischen Verantwortung** entziehen und funktionierte das Parlament nicht, verlagerte sich die Entscheidungsmacht auf den Reichspräsidenten, der für den Notfall das Notverordnungsrecht nach Artikel 48 zur Verfügung hatte. Ein weiterer wichtiger Grund war die **Wirtschaftskrise** mit ihren Auswirkungen auf das tägliche Leben der Menschen. Da der Staat die Not vieler Menschen nicht durch eine wirkungsvolle Sozialpolitik lindern konnte, verloren diese das Vertrauen in den demokratischen Staat. Auch die Parteien erwiesen sich als hilflos in der Krise. Sie rieben sich durch **Koalitionsstreitigkeiten** auf und schafften es im entscheidenden Moment nicht, stabile parlamentarische Mehrheiten zu bilden. Historiker fragten auch danach, welche Verantwortung einzelne Politiker am Untergang der Weimarer Republik hatten. Genannt werden die

79 Kolb: Die Weimarer Republik, S. 126

Namen von Papen, Schleicher oder Hindenburg. Andere Geschichtswissenschaftler betonen das **massenpsychologische Moment.** Breite Kreise der Bevölkerung hatten keine feste politische Überzeugung und ließen sich durch politische Propaganda beeinflussen. Die Nationalsozialisten nutzten die Mittel der modernen Massenkommunikation wie Film und Rundfunk.

Wahlplakat der NSDAP (1932).

Sie bedienten sich dabei sehr geschickt der sozialen Ängste der Menschen und trugen dem Bedürfnis nach Gemeinschaft Rechnung. Manche Forscher betonen als Ursache für das Scheitern der Weimarer Republik auch Besonderheiten der politischen Kultur in Deutschland. Nach der gescheiterten Revolution von 1848 habe sich der Freiheitsgedanke in Deutschland nie richtig durchsetzen können. Ein Zeitzeuge formuliert diesen Gedanken im Rückblick auf die Weimarer Republik so: „Das Angebot der Freiheit wusste man nicht zu würdigen.“[80]

80 Heinz Flügel: „Wir träumten vom verborgenen Reich …“. In: Pörtner (Hrsg.): Alltag in der Weimarer Republik, S. 181

Literatur

Hinweise

Die Weimarer Republik ist eine der am besten erforschten Abschnitte der deutschen Geschichte. Auch der Spezialist hat Mühe, die Forschungsergebnisse auf allen Gebieten der Weimarer Zeit vollständig zu überblicken. Im Folgenden werden nur einige wichtige Gesamtdarstellungen, Quellensammlungen und einführende Werke genannt. Über diese Bücher lassen sich Spezialliteratur zu einzelnen Themen und Quellensammlungen leicht erschließen.

Quellensammlungen und Monographien

Benz, Wolfgang u. Graml, Hermann (Hrsg.): Biographisches Lexikon zur Weimarer Republik. München, Beck'sche Verlagsbuchhandlung 1988

Heiber, Helmut: Die Republik von Weimar. München, dtv 1979

Jäckel, Eberhard: Das deutsche Jahrhundert: Eine historische Bilanz. Stuttgart, Deutsche Verlagsanstalt 1996

Kolb, Eberhard: Die Weimarer Republik. München, Oldenbourg ⁶2002

Michalka Wolfgang u. Niedhart, Gottfried (Hrsg.): Deutsche Geschichte 1918–1933: Dokumente zur Innen- und Außenpolitik. Frankfurt a. M., Fischer 1992

Möller, Horst: Weimar: Die unvollendete Demokratie. München, dtv ²1987

Mommsen, Hans: Aufstieg und Untergang der Weimarer Republik. Berlin, Ullstein 1998

Peukert, Detlev: Die Weimarer Republik – Krisenjahre der Klassischen Moderne, Frankfurt a. M., Suhrkamp 1987

Pörtner, Rudolf (Hrsg.): Alltag in der Weimarer Republik: Kindheit und Jugend in unruhiger Zeit. München, dtv 1993

Salewski, Michael: Deutschland: Eine politische Geschichte. Band 2: 1815–1990. München, Becksche Verlagsbuchhandlung 1993

Schildt, Axel: Die Republik von Weimar: Deutschland zwischen Kaiserreich und „Drittem Reich“ (1918–1933). Erfurt, Landeszentrale für politische Bildung Thüringen, 1997

Schulze, Hagen: Kleine Deutsche Geschichte. München, Becksche Verlagsbuchhandlung 1996

Winkler, Heinrich August: Weimar 1918–1933: Die Geschichte der ersten deutschen Demokratie. München, Becksche Verlagsbuchhandlung 1993

Bildnachweis

© Bibliographisches Institut & F. A. Brockhaus, Mannheim: S. 28

bpk: S. 13 (Kunstbibliothek, SMB), 66 (Hans Schaller), 67, 72 (Carl Weinrother), 12, 16, 27, 39, 44, 46

Deutsches Historisches Museum Berlin: S. 4, 69

Landesarchiv Berlin: S. 31

Denkmalschutzamt Hamburg, Bildarchiv: S. 55

Stiftung Deutsche Kinemathek: S. 53

SV-Bilderdienst: S. 48 (Scherl), 54

ullstein bild: Titelbild, S. 3, 6, 65 (Archiv Gerstenberg), 24 (Roger Viollet), 11, 18, 21, 26, 30, 56, 63

Ihre Meinung ist uns wichtig!

Ihre Anregungen sind uns immer willkommen. Bitte informieren Sie uns mit diesem Schein über Ihre Verbesserungsvorschläge!

Titel-Nr.	Seite	Vorschlag

Bitte hier abtrennen

Lernen • Wissen • Zukunft
STARK

Zutreffendes bitte ankreuzen!

Die Absenderin/der Absender ist:

- ☐ Lehrer/in in den Klassenstufen: ______
- ☐ Fachbetreuer/in
  Fächer: ______
- ☐ Seminarlehrer/in
  Fächer: ______
- ☐ Regierungsfachberater/in
  Fächer: ______
- ☐ Oberstufenbetreuer/in
- ☐ Schulleiter/in
- ☐ Referendar/in, Termin 2. Staatsexamen: ______
- ☐ Leiter/in Lehrerbibliothek
- ☐ Leiter/in Schülerbibliothek
- ☐ Sekretariat
- ☐ Eltern
- ☐ Schüler/in, Klasse: ______
- ☐ Sonstiges: ______

Unterrichtsfächer: (Bei Lehrkräften!)

______

STARK Verlag
Postfach 1852
85318 Freising

20-V1T_GW
Bitte ausfüllen und im frankierten Umschlag an uns einsenden. Für Fensterkuverts geeignet.

Kennen Sie Ihre Kundennummer?
Bitte hier eintragen.

Absender (Bitte in Druckbuchstaben!)

Name/Vorname

Straße/Nr.

PLZ/Ort/Ortsteil

Telefon privat

Geburtsjahr

E-Mail

Schule/Schulstempel (Bitte immer angeben!)

Bitte hier abtrennen

(Bitte blättern Sie um)